100 Minuten für konstruktive Teamarbeit

Sibylle Horger-Thies

100 Minuten für konstruktive Teamarbeit

Gemeinsam erfolgreich!
Nicht nur für Techniker, Ingenieure
und Informatiker

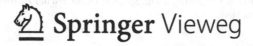 Springer Vieweg

Sibylle Horger-Thies
Calw, Deutschland

ISBN 978-3-8348-1975-8 ISBN 978-3-8348-1976-5 (eBook)
DOI 10.1007/978-3-8348-1976-5

Die Deutsche Nationalbibliothek verzeichnet diese Publikation in der Deutschen Natio-
nalbibliografie; detaillierte bibliografische Daten sind im Internet über http://dnb.d-nb.de
abrufbar.

Springer Vieweg

Gedruckt auf säurefreiem und chlorfrei gebleichtem Papier

Springer Vieweg ist eine Marke von Springer DE. Springer DE ist Teil der Fachverlagsgruppe
Springer Science+Business Media.
www.springer-vieweg.de

Vorwort

Das erste Buch ist das schwerste, so wie die erste Million, hieß es einmal. So gesehen sollte mir dieses zweite Buch leichter fallen. Mal schauen, ob das so ist: Der längste Weg beginnt mit dem ersten kleinen Schritt. In diesem Buch möchte ich Sie gerne zu einer Begegnung mit sich selbst einladen. Sie stehen im Mittelpunkt. Das spezielle Thema richtet sich auf Ihre Bedürfnisse und Ihren Motivationshintergrund. Denn mir war es wichtig, Teamarbeit einmal aus der Perspektive des Arbeitnehmers zu betrachten. Zumeist erfahren Führungskräfte, wie sie mit ihren Mitarbeitern umgehen sollten. Aber die Sicht des Arbeitsnehmers, der in ein neues Team oder eine neue Abteilung kommt, ist meines Erachtens eher weniger berücksichtigt.

In verschiedenen Seminaren für Firmen habe ich Ingenieure, Informatiker, Techniker, Mitarbeiter anderer Berufgruppen, Nachwuchskräfte und Young Professionals kennen gelernt. In Kompetenzkursen an Hochschulen unterrichtete ich viele Studierende der Ingenieurwissenschaften und anderer Fachrichtungen. Über zahlreiche Gespräche und Literaturstudium erkannte ich, dass es kaum Informationen und Hinweise darüber gibt, wie man sich optimal im Team verhalten kann. Es gibt zwar viele Bücher über den Umgang von Vorgesetzten mit den Mitarbeitern, aber eine Lücke für die Teamarbeit.

Diese Sicht habe ich in den Fokus des Buchs gesetzt. Ich stelle dar, was der Einzelne tun kann, damit er sich in einer Arbeitsgemeinschaft wohl fühlt. Ich möchte darstellen, wie Sie sich durch Ihr Verhalten davor schützen können, in einen Burnout zu geraten. Gleichzeitig vermittle ich, wie es gelingen kann, Bestleitungen zu präsentieren ohne sich selbst aufzugeben. Deshalb gebe ich Ihnen konkrete Hinweise, mit denen Sie praktisch eine Veränderung erarbeiten können. Verändern können Sie zwei Seiten: zum einen sich selbst, indem Sie mehr Verständnis für sich und Ihren speziellen Werdegang entwickeln und zum anderen werden Sie Ihre Kollegen besser verstehen. Warum agieren und reagieren die Kollegen auf diese und keine andere Weise? Außerdem verändern Sie die anderen, weil Sie sich selbst verändern. Jedes kleine Rädchen in einer großen Maschine oder in einem Uhrwerk hat seine eigene Funktion. Gibt es diese auf oder läuft sie nicht rund, dann hat dies Einfluss auf das Ganze.

Wenn Sie sich als wichtiges Teilchen im Gesamtwerk des Firmengefüges auf sich selbst konzentrieren, dann werden Sie womöglich auch Ihre Kollegen neu erfahren. Sie werden erkennen, wo Sie und die Kollegen und damit das Team Ressourcen haben. Wenn diese freigelegt werden, dann nutzt das dem ganzen Gefüge.

Zudem profitieren Sie auch im privaten Bereich davon. Denn der Aufwand, den Sie für die Arbeit aufbringen müssen, wird durch Ihre Hintergrundkenntnisse geringer werden. Das passiert zum Beispiel, weil weniger Konflikte Ihre Energie binden. Dadurch sind Sie in Ihrer Freizeit weniger erschöpft. Dafür können Sie dann aktiver Ihren Freizeitvergnügungen nachgehen. Finden Sie das nicht auch erstrebenswert?

Für wen schreibe ich?

- Ich möchte Leser aus dem Ingenieur- und Informatikerbereich ansprechen, die sich dafür interessieren, welche psychologischen Erkenntnisse in Hinblick auf die Zusammenarbeit im Berufsleben erforscht wurden.
- Für Leser, die Ihr Kommunikationsverhalten verbessern möchten statt Fehler bei den anderen zu suchen.
- Für alle, die mit pragmatischen Anweisungen und Hinweisen, ihr soziales Verhalten selbstbestimmt verändern wollen.
- Für künftige Teammitarbeiter, die das Rad nicht neu erfinden möchten und sich über bewährte Tools produktiv in Teams integrieren wollen.

Bitte verstehen Sie, dass ich mich der Einfachheit halber auf die männliche Form beschränke. Als Frau möchte ich erst recht Frauen ansprechen und hoffe, dass sich keine oder keiner wegen dieser formalen Entscheidung zu wenig gewürdigt fühlt.

Alle Bilder habe ich selbst gezeichnet.

Gebrauchsanweisung:
Auch dieses Buch habe ist so gestaltet, dass Sie die einzelnen Kapitel querlesen können, je nachdem, was Ihnen im Moment wichtig für Ihre Arbeit erscheint. Sie müssen also nicht von vorn nach hinten lesen. Durch den Index am Ende des Buchs finden Sie Hinweise, wo einzelne Schlag-

wörter behandelt werden. Dadurch bleibt Ihnen der Zusammenhang trotzdem erhalten. Ab und zu müssen Sie dann eben etwas blättern, um einzelne, an anderer Stelle tiefer behandelte Begriffe, nachzuschlagen.

Mein Dank beim Erstellen dieses Buchs gilt meinem geduldigen Mann Marcus Grande, der sich um mich und mein leibliches und sonstiges Wohlergehen kümmerte sowie mir viele praktische Hinweise und inhaltliche Beispiele aus seiner Ingenieurpraxis weitergab. Ebenso herzlich bedanken will ich mich bei meinem Sohn Daniel Thies, der durch seine guten Kenntnisse aus dem Psychologiestudium zur Tiefe und Strukturiertheit des Buchs beitrug. Hervorragend unterstützt wurde ich auch von Herrn Bernd Hansemann, der mich durch seine sympathischen Hinweise zum Weiterdenken animiert hat. Hier möchte ich mich auch bei Maren Mithöfer bedanken, die meinem Manuskript mit ihren Hinweisen zu einem klaren Layout verholfen hat. Alle persönlich genannten Menschen, aber auch viele nicht erwähnte Freunde, Vereinskameraden und Kollegen, bei denen ich mich während der Buchverfassung rar gemacht habe und die mich trotzdem toleriert haben, trugen durch ihr Verhalten zu meinem Erfolg mit bei.

Mein Ziel ist es, Sie auf dem Weg in Richtung produktiver Teamarbeit zu begleiten. Ich habe die Vision, dass es Ihnen durch die Lektüre dieses Buchs zunehmend gelingen wird, aktiv zu einer konstruktiven Teamarbeit beizutragen. Ich bin sehr zuversichtlich, Ihnen Hinweise geben zu können, mit denen Sie sich nicht nur während der Arbeitszeit entspannter und wohler fühlen werden, sondern gleichzeitig mit ausreichend Energie Ihren wohlverdienten Feierabend besser genießen werden können.

Viel Freude beim Lesen!

Sibylle Horger-Thies im Juli 2012

Inhaltsverzeichnis

1 Der Teamurknall

In Stellenanzeigen wird Teamfähigkeit oft gefordert, was noch nicht bedeutet, dass die damit verbundenen Aufgaben nur im Team erledigt werden können. Dennoch müssen Bewerber in jedem Fall im Bewerbungsgespräch ihre Bereitschaft und ihre Fähigkeit zu Teamverhalten als eine der zentralen Qualifikationen belegen.

Erfolge und Fehlschläge

Als Erfolg bezeichnet man das Erreichen selbstgesetzter Ziele. Dies gilt sowohl für einzelne Menschen als auch für Organisationen und Institutionen. Bei der Erwähnung von Zielen können wir unterscheiden zwischen sachlichen (eine zehnprozentige Produktionssteigerung) und emotionalen (wie vermehrte Anerkennung) Zielen. Um ein Ziel umzusetzen, bedarf es der Umsetzungskompetenz.

Erfolg ist die Summe richtiger Entscheidungen verrät uns – einfach und genial ausgedrückt – die Werbeagentur einer Bank. Wenn wir uns einmal das Wort Erfolg aufschlüsseln, wird schnell deutlich, dass es mit dem Wort *erfolgen* zusammenhängt. Das bedeutet, Erfolg hat immer mit dem eigenen Handeln zu tun. Die Bedeutung des Wortes hat sich mit dem Beginn der Industrialisierung gewandelt und rückt in die Nähe eines wertfreien, neutralen Resultats. In früheren Zeiten benutzte man eher die Worte Sieg oder Glück.

Albert Einstein sagte zum Erfolg:

„Holzhacken ist deshalb so beliebt, weil man bei dieser Tätigkeit den Erfolg sofort sieht"

Die Gründe für den vermehrten Einsatz von Teams zur Erledigung von Aufgaben sind vielfältig. Ganz klar hängt die vermehrte Gründung und Einsetzung von Teams vor allem mit ihrem Erfolg zusammen. Konkurrenzdruck und die Veränderung von Verkäufer- zu Käufermärkten (der Käufer hat mehr Macht) erfordern eine ständige Erhöhung der Produktivität und Flexibilisierung. Neue Technologien schlagen sich in den Betrieben nieder, die sich dauernd umgestalten und die Arbeitsabläufe verändern müssen.

Schnittstellenverluste müssen reduziert werden, um schneller und effektiver auf neue Anforderungen reagieren zu können. Vorgesetzte und Mitarbeiter suchen verstärkt Verwirklichung und Zufriedenheit in ihrer Arbeit. Nicht mehr die Sicherung der materiellen Bedürfnisse steht im Vordergrund; vielmehr soll die Arbeit sinnvoll und befriedigend sein.

Diesen Ansprüchen kann die hierarchische Organisationsstruktur nicht mehr gerecht werden. Die Linienorganisation als Musterbeispiel der Hierarchie ist auf Dauer und für langsame Prozesse angelegt. Entsprechend laufen die Verfahren und Strukturen für dauerhaftes Arbeiten nach bewährten Mustern. Die Führung ordnet an, die Mitarbeiter führen die Anordnungen aus. Neuerdings sind diese Verfahren und die damit verbundene Organisationsstruktur in einigen Aspekten nachteilig.

Die wichtigsten Nachteile der alten Struktur

Vorgesetzte sind oftmals überlastet, wenn sie alle in der Linienorganisation erforderlichen Entscheidungen alleine treffen müssen. Kommunikationsfehler und falsche Erwartungshaltungen führen leicht auch zu falschen Entscheidungen. Weil die Mitarbeiter es nicht einsehen, kommt es zu Widerständen. Weiterhin wird die Fachkompetenz der Mitarbeiter nicht ausreichend gesteigert bzw. genutzt. Zu viele Organisationsebenen wirken unflexibel und können zu teuer sein, weil die Entscheidungsprozesse zu langwierig sind. Aber Mitwissen und Mitentscheiden auf allen Ebenen sind notwendige Voraussetzungen, um Fehler zu vermeiden. Durch die hohe Arbeitsteiligkeit erkennen Sie als Mitarbeiter das Ergebnis Ihrer Arbeit nur schwer und das macht unzufrieden.

Und schließlich sind Fehler kostspielig und teuer, sie müssen unbedingt vermieden werden. In hierarchischen Organisationen sind Fehler jedoch erfahrungsgemäß unvermeidlich.

Die wichtigsten Vorteile der neuen Struktur

Ein wesentlicher Erfolgsfaktor für Teamarbeit ist die Rolle und das Ansehen, die das Team im Unternehmen hat. Diese werden maßgeblich durch das Team selbst gestaltet: durch Erfolg oder Misserfolg der Teamarbeit. Das Verhalten der Teammitglieder wiederum beeinflusst das Unternehmen.

Folgende formale Bedingungen müssen im Team erfüllt sein, damit das einzelne Teammitglied gut arbeiten kann:

Es muss Transparenz vorhanden sein über die

- Unternehmensstrategie
- Unternehmensziele
- Hierarchische Ansiedlung des Teams
- Kompetenzen
- Bedeutung der Ergebnisse am Unternehmenserfolg
- Budget

Diese Aspekte sind im Vorfeld der Teamarbeit von der Leitung zu klären. In großen Organisationen ist es in der Regel üblich, für Projektteams gesonderte Verfügungen zu erstellen.

In diesen Verfügungen sind die

- Projektziele
- Projektaufgaben
- Projektlaufzeit
- Projektmitglieder
- Projektleitung

definiert. Eine gute Planung hilft, die Ziele zu erreichen und Konflikte zu vermeiden.

Sehr wichtig für die Teammitglieder ist die Frage nach der Akzeptanz des Teams in der Organisation. Diese ist davon abhängig, wie die Bedeutung der Projektaufgabe für den Unternehmenserfolg von der Geschäftsführung oder dem Vorstand und den übrigen Einheiten eingeschätzt wird. Je größer die Wertschätzung, um so mehr Einfluss kann das Team auf die unternehmerischen Handlungen gewinnen.

Teamarbeit – heute eine Schlüsselqualifikation für den Bewerber – hat gegenüber hierarchischen Strukturen den Vorteil, weniger Fehler zu erzeugen. Vom Unternehmen akzeptierte Teams arbeiten flexibler und produktiver.

1.1 „... jedem Anfang wohnt ein Zauber inne"

Für eine erfolgreiche Teamarbeit ist der Anfang besonders wichtig. Das Zitat stammt von Hermann Hesse, der den Anfang in seinen „Stufen" so schön beschrieben hat. Ziel der Anfangsphase ist, gemeinsame Rahmenbedingungen zu schaffen und dem Team die Orientierung für das gemeinsame Handeln zu vermitteln. Entsprechend sind folgende wichtige Punkte zu klären.

Einander kennen lernen und die Erwartungen klären. In der ersten Phase herrscht zunächst Unsicherheit, da man sich noch nicht kennt. Jeder wird sich zunächst auf seinen sozialen Status zurückziehen und wenig von sich preisgeben. Man betrachtet sich gegenseitig und sucht nach potentiellen Verbündeten. Insbesondere die Teamleitung wird in dieser Phase sehr kritisch betrachtet.

„Schadet oder nützt mir der andere?" ist wohl die zentrale Frage. In dieser Phase bilden sich bereits die gruppendynamischen Rollen. Daneben verläuft auf arbeitstechnischer, also auf relativ rationaler Ebene, die Suche nach Aufträgen des Teams und die Aufgabendefinition. Die Teamleitung ist gefordert, den Teammitgliedern zu helfen, sich zurecht zu finden und Vertrauen aufzubauen. Oft kann die Teamleitung das nicht oder will es nicht.

Hier ist eine Liste mit Maßnahmen, die geeignet sind, die Orientierungsphase zu erleichtern:

Maßnahmen zur Erleichterung der Orientierungsphase

- Schaffen Sie eine Identität im Team und fördern Sie das Zusammengehörigkeitsgefühl. Hierher gehören Kleidungssymbole, Sticker, eigener Besprechungsraum und ähnliche konkrete Dinge, welche die so genannte Corporate Identity fördern.
- Fordern Sie Toleranz ein. Toleranz und Respekt sind Zeichen einer guten Kinderstube und müssen im Team selbstverständlich sein.
- Nutzen Sie jede Sitzung, um über die Art der Zusammenarbeit zu sprechen. Sprechen Sie motivierend. Loben Sie Ihre Kollegen, wenn diese Verbesserungsvorschläge bringen.

Halten Sie sich genau an methodische Vorgaben. Alle Absprachen, Ziele, Aufgabenpakete, Termine legen Sie schriftlich nieder. Legen Sie dazu am besten auf Ihrem Firmennetzwerk einen Team-Ordner oder einen Projektordner an, zu dem jedes Teammitglied Lese- und Schreibzugriff hat.

> Alle Absprachen, Ziele, Aufgabenpakete, Termine stellen Sie schriftlich in einem Team-Ordner, zu dem jedes Teammitglied Lese- und Schreibzugriff hat, zur Verfügung.

1.2 Teamziele im Flow

Für den Einzelnen ist die Arbeit im Team erfolgreich, wenn er seine eigenen Interessen und Schwerpunkte in den Dienst der Teamziele integrieren kann. Nach dem Flow-Konzept des Psychologen Mihaly Csihscentmihaly beschert dieses Gefühl zum einen große Energieschübe und trägt zum anderen sehr stark zu den sachlichen Erfolgen eines Teams bei. „Flow" erklärt sich als eine Art Glücksgefühl, das Pausen, Arbeitsende, Hunger und ähnliches zugunsten der Erledigung der Aufgabe völlig vergessen lässt. Das ist ganz anders als es ein anonymer Verfasser – wie ich finde – gut ausgedrückt hat:

„Der Grund, warum manche Mitarbeiter auf der Leiter des Erfolgs nicht so recht vorankommen, ist darin zu suchen, dass sie glauben, sie stünden auf einer Rolltreppe."

Das Gefühl des völligen Aufgehens in einer Tätigkeit, man könnte es auch als Tätigkeitsrausch oder Funktionslust bezeichnen, wurde von Csihscentmihaly ursprünglich im Zusammenhang mit Sport und hier vor allem bei Risikosportarten entwickelt. Heute verwendet man den Begriff eher in bezug auf geistige Tätigkeiten. Hier sind komplexe, schnell ablaufende Geschehen gemeint, die gesteuert werden müssen. Der Steuernde erlebt sich dann zwischen den Bereichen Über- und Unterforderung oder anders ausgedrückt zwischen Angst und Langeweile. Flowzugang und Flowerleben sind ganz individuell.

Csihscentmihaly hat typische Anzeichen herausgefunden, die sich körperlich und psychologisch ausdrücken. Er entdeckte, dass im Flowzustand die optimale Synchronisation von Herzschlag, Atmung und Blutdruck entsteht. Zwischen dem limbischen System, das die Emotionen steuert und dem kortikalen System, dem der Sitz für Bewusstsein und Verstand zugeordnet wird, besteht eine völlige Harmonie. „Flow" ent-

spricht einem Zustand optimaler Anpassung/Resonanz der inneren Anteile und der Umwelt und lässt sich quantitativ über die Messung der
Herzfrequenzvariabilität (HRV) erfassen und beschreiben. Die Messung
der HRV bietet eine messbare, biologische Bezugsgröße für Stresstole-
ranz und Funktionstüchtigkeit.

Das klingt doch alles sehr gut und erstrebenswert, finden Sie nicht auch?
Achten Sie deshalb auf folgende Kriterien, die beachtet werden müssen,
damit der Flowzustand erreicht wird:

- Ihre Aktivität braucht klare Ziele.
- Sie brauchen eine unmittelbare Rückmeldung.
- Sie sind fähig, sich auf Ihre Tätigkeit zu konzentrieren.
- Ihre eigenen Fähigkeiten und die Anforderung der Tätigkeit stehen in
  einem ausgewogenen Verhältnis, so dass weder Langeweile noch
  Überforderung entstehen kann.
- Sie haben das Gefühl, Ihre Aktivität kontrollieren zu können.
- Die Tätigkeit gelingt Ihnen mühelos.
- Alle Sorgen um Sie herum oder Gedanken, die Sie sich um sich selbst
  machen, geraten in den Hintergrund.
- Ihr Gefühl für Zeitabläufe verschwindet.
- Ihr Tun und Ihr Bewusstsein verschmelzen.

Flow darf man nicht verwechseln mit „fun", Spaß oder Nervenkitzel.
Flow ist keine kurzfristige Nervenerregung, sondern eher vergleichbar
mit einer länger andauernden Euphorie. Richtig genutzt ist Flow deshalb
eine sehr wertvolle Fähigkeit, ganz konzentriert in seiner Tätigkeit zu
versinken. Man könnte sogar sagen, Flow ist ein Zustand gezielten
Glücks, den man selbst beeinflussen kann. Es fließen dann Ihre Aufmerksamkeit und Konzentration in einer Art produktiver Harmonie zusammen.

Der Psychologe Mihaly Csihscentmihaly entdeckte den Flow-Effekt. Das
Gefühl ermöglicht große Energieschübe und trägt ein Team zum Erfolg. Beim
Flowzustand stellt sich eine Art Glücksgefühl ein, das Pausen, Arbeitsende
zugunsten der Erledigung der Aufgabe vergessen lässt. Dabei sind Herzschlag,
Atmung und Blutdruck optimal synchronisiert.

1.3 Teamarbeit heute

Teamarbeit ist heutzutage selbstverständlich. Fragt man nach den Anforderungen, die ein Bewerber gleich für welche Stellen unbedingt mitbringen muss, gehört die Fähigkeit im Team arbeiten zu können auf jeden Fall dazu. Genauso bekannt ist allmählich der Begriff Projektarbeit. Ja, man könnte sogar sagen, die beiden Begriffe sind Zwillinge: der eine kann nicht ohne den anderen.

Fast jeder kennt die scherzhafte Abkürzung für Team „Toll, Ein Anderer Macht's". Die Abkürzung ging in den Anfangsphasen, als man begonnen hatte, sich mit dem Hintergrund von Teamarbeit zu beschäftigen, gern reihum. Bei so einer Auffassung hat der Flow keine Chance.

Beim Thema Gruppen- oder Teamarbeit scheiden sich die Geister. Einige schwören darauf, andere behaupten, Teams bringen nichts und verursachen nur Kosten. Keiner hat recht, denn es gibt viele Faktoren, die den Erfolg der Teamarbeit beeinflussen.

Halten wir fest: Teamfähigkeit ist in den letzten Jahren zu einer Schlüsselqualifikation im Arbeitsleben geworden. In Stellenanzeigen wird Teamfähigkeit oft gefordert, was noch nicht bedeutet, dass die damit verbundenen Aufgaben nur im Team erledigt werden könnten.

Teams enthalten ein großes Potenzial für Produktivität, aber auch für Konflikte und Misserfolge. Ob ein Team erfolgreich wird, zeigt sich meist schon zu Beginn. Schaffen es die Teammitglieder, sich zu organisieren? Gelingt es, eine Atmosphäre des guten Miteinanders zu entwickeln? Oder wird es ein unproduktives Gegeneinander?

Alle Teams durchlaufen verschiedene Entwicklungsphasen. Um so wichtiger ist es, gerade in der Anfangsphase, ja sogar schon während der Planung der Einführung von Teamarbeit, größte Sorgfalt auf die vielen Aspekte der Teamarbeit zu legen.

Bei der Einführung von Teamarbeit muss man nicht nur auf die Zusammensetzung des Teams achten, sondern noch auf zwei weitere wichtige Punkte. Das ist die Aufgabe, mit der sich das Team befassen soll und die Umgebung, in der das Team arbeiten soll.

Nicht alle Aufgaben sind für Teams geeignet

Kommen wir zu den Aufgaben eines Teams: Hier wird ganz schnell deutlich, nicht alle Aufgaben sind für Teams geeignet. Es gibt Aufgaben, die besser von Einzelpersonen gelöst werden und solche, die Teams besser bewältigen können.

Beispiele für nicht geeignete Aufgaben

- Sichtung und Priorisierung von eigenen Emails
- Auto fahren
- Nur der Pilot trifft Entscheidungen
- Beratung eines Klienten

Aufgaben, die eine hohe Konzentration erfordern, sind nicht für Teamarbeit geeignet. Ebenfalls nicht geeignet für Teamarbeit sind Aufgaben, die höchste Verantwortung in wichtigen Entscheidungen verlangen. Die können einzelne besser erledigen.

Gut geeignet für Teamaufgaben sind alle Aufgaben, die sehr komplex sind. Also, Aufgaben, die unterschiedliche Kompetenzen erfordern und wo man flexibel vorgehen muss.

Beispiele für gut geeignete Aufgaben

- Anforderungsmanagement: Hier geht es um das Finden und Ermitteln von Anforderungen, das Dokumentieren und Validieren der Anforderungen
- Hausbau: Konstruktion, Planung, Umsetzung, Herstellung
- Qualitätssicherung: Reviews, Inspektionen, Controlling
- Softwareentwicklung: Design, Implementierung, Test, Bündelung von Informationen zwischen allen Beteiligten

> Nicht jede Aufgabe ist für Teamarbeit geeignet. Gut geeignet sind komplexe Aufgaben, die unterschiedliche Kompetenzen erfordern und eine flexible Vorgehensweise erfordern. Jedes Team durchläuft verschiedene Phasen und benötigt bestimmte Bedingungen, um produktiv zu sein.

Noch ein anderer wichtiger Punkt entscheidet, ob das Team erfolgreich ist oder nicht. Er bezieht sich auf die Umgebung, in der das Team arbeitet. Hier gilt folgender Grundsatz:

1.4 Das Team braucht eine teamgerechte Umgebung

Was das heißt? Dazu möchte ich Ihnen ein Beispiel geben: Bilden Sie ein Team mit dafür hervorragend geeigneten Teammitgliedern, die sich gut kennen und gern miteinander arbeiten. Gleichzeitig geben Sie dem Team nicht die nötigen Mittel, also es fehlt an der Ausrüstung. Ferner sind die Informationen nicht ausreichend. Notwendige Informationen fehlen sogar. Nehmen Sie dem Team dann alle Freiheiten in den Handlungsmöglichkeiten, mit anderen Worten: die Teammitarbeiter dürfen nichts entscheiden. Machen Sie noch ein übel schmeckendes saures Sahnehäubchen drauf und geben dem Team keine Anerkennung, Sie sparen sozusagen das Lob weg, heutzutage muss man ja sparsam mit den Ressourcen umgehen und als Schwabe weiß man ja,

„Net gschumpfa isch gnuag globt, nach dem Motto: Wenn i nichts sag, ischs recht".

Übersetzt – Sie wissen ja, wir können alles, auch Hochdeutsch – „Nicht geschimpft, ist genug gelobt nach dem Motto: Wenn ich nichts sage, dann ist es in Ordnung."

Wenn Sie so vorgehen, dann ist der Misserfolg Ihres Teams programmiert. Natürlich gehen Sie nicht so vor! Aber in der Alltagsroutine wird doch leicht der eine oder andere Erfolgfaktor von Teamarbeit vernachlässigt.

Achten Sie deshalb darauf, dass Ihr Team, um gut zu funktionieren, eine Umwelt braucht, die folgende Aspekte berücksichtigt:

- eine klare Aufgabe
- Mittel (Raum, Ausrüstung, Materialien etc.)
- Zeit, um sich als Team zu formieren
- Zugang zu allen wichtigen Informationen
- relative Freiheit zur Selbstorganisation der anfallenden Aufgaben
- Anerkennung und Lob von den Führungskräften und den anderen Mitarbeitern

Passiert die umgekehrte Situation, wenn die Anforderungen schneller steigen als die Fähigkeiten, stellt sich eher ein Gefühl von Stress ein. Im schlimmsten Fall kommt es dann sogar zu einem Burnout-Syndrom. Darauf werde ich später noch näher eingehen.

Umgekehrt entsteht Langeweile, wenn die Herausforderungen niedriger sind als die Fähigkeiten. Das kann dann Boreout-Syndrom genannt werden. Fehlen sowohl die Herausforderungen als auch die Kompetenzen, dann empfindet man ein Gefühl der Apathie. In der modernen Einschätzung des Phänomens Erfolg liegt der Schwerpunkt auf den Kompetenzen und weniger auf den Persönlichkeitsmerkmalen.

Jede Aussage über Erfolg hängt mit dem persönlichen Wertesystem des Beurteilenden zusammen. Den Erfolg eines Unternehmens misst man am materiellen Erfolg. Was bei dieser Rechnung nicht gesehen wird, ist das soziale Kapital, das aus dem Vertrauen und dem persönlichen Netzwerk der Mitarbeiter besteht. Werte und Normen der Mitarbeiter werden bei der Bilanz des Unternehmens sowie in der Gewinn- und Verlustrechnung nicht berücksichtigt. Dabei fließen sie ganz unmittelbar in den Erfolg des Unternehmens mit ein.

Winston Churchill:

„Es ist sinnlos zu sagen: Wir tun unser Bestes. Es muss dir gelingen, das zu tun, was erforderlich ist."

Gruppen oder Teams sind soziale Gebilde, deren Mitglieder aufeinander angewiesen sind, sich zusammengehörig fühlen und wissen, dass sie voneinander abhängig sind. Es laufen ständig verschiedene Prozesse ab. Sie sind miteinander vernetzt und laufen parallel ab. Keiner ist unabhängig vom anderen.

Ein gut funktionierendes Team benötigt eine klare Aufgabendefinition, Ressourcen, Zeit, Informationen und Anerkennung. Teams haben nichts mit Demokratie zu tun, sondern mit Wirksamkeit. Ein Team ist kein Schauplatz für Selbstdarsteller und charismatische Führer.

1.5 Vorteile von teamorientierter Arbeit

- Es werden weniger Hierarchieebenen benötigt.
- Die Macht ist an die Mitarbeiter in Teams verlagert – dadurch gibt es weniger interne Schnittstellen und insofern kaum Kommunikationsverluste.
- Aufbau flexibler und dynamischer Organisationen, um schnell, zweckmäßig und angepasst auf neue Anforderungen reagieren zu können.
- Die Kompetenz der Mitarbeiter ist gefördert, um die Fehler zu verringern, die Ergebnisse zu verbessern und die Zufriedenheit der Mitarbeiter zu steigern.
- Die Organisationsform orientiert sich neu an den Aufgaben. Hier können Teams die Aufgaben am besten lösen.
- In der Produktion entstehen weniger Fehler.
- Schnelle Ausprägung und Erfüllung neuer komplexer, an den Dienstleistungen orientierter Prozesse gelingen nur, wenn die Mitarbeiter mit Einsicht handeln. Dies ist nicht der Fall, wenn sie nur handeln, weil es ihnen so befohlen wurde.
- Wichtig ist, dass sie sich in den neuen Prozessen verwirklichen können.

Teammitglieder auswählen

Die Kompetenz eines Teams ergibt sich aus der individuellen Kompetenz der einzelnen Teammitglieder. Unter Kompetenz verstehe ich nicht nur das Fachwissen und die Erfahrung in seiner Anwendung, vielmehr gehört zum Anforderungsprofil von Teammitgliedern die Bereitschaft zum Lernen, zur Selbstorganisation und zur Beziehungspflege.

In aller Regel kann sich ein Team die Teammitglieder nicht aussuchen, sie werden vielmehr vom Management bestimmt. Manchmal wäre es tatsächlich sinnvoller, wenn das Team diese Aufgabe übernehmen könnte. Um so wichtiger ist zu wissen, nach welchen Eigenschaften die Teammitglieder ausgewählt werden sollen. Falls Sie nicht über die geforderten Eigenschaften verfügen, suchen Sie sich geeignete Weiterbildungen und Schulungen. Fachwissen und die Lernbereitschaft gehören mit zu den wichtigsten Kriterien. Schauen Sie sich die nachfolgenden Eigenschaften an, von denen der Erfolg des Teams abhängt.

Fachwissen und Lernbereitschaft

Im Team wird ein hohes Maß an fachlichen Fähigkeiten und Fertigkeiten verlangt. Da keine oder nur eine geringe Arbeitsteilung vorherrscht, ist eine zu einseitige Spezialisierung nicht hilfreich. Jeder soll ein so breites Fachwissen wie möglich besitzen. Nur damit können sowohl komplexe Aufgabenstellungen gelöst als auch der Synergieeffekt der Gruppe genutzt werden. Das Team darf bei Ausfall eines Mitglieds nicht arbeitsunfähig werden. Grundsätzlich muss ein Team recht häufig weiterqualifiziert werden.

Selbstorganisation

Da im Team meist selbstständig und eigenverantwortlich gearbeitet wird, sollten Sie in der Lage sein, die eigene Zeit sinnvoll einzuteilen. Außerdem müssen Sie sich selbst zu rationellem und effektivem Arbeiten motivieren können. Dazu gehören auch Routinearbeiten, die ebenso sorgfältig und zuverlässig erledigt werden müssen wie interessantere Aufgaben.

Beziehungspflege

Eine weitere wichtige Eigenschaft ist die Fähigkeit, eine positive Atmosphäre herstellen zu können. Teammitglieder können ein gutes Klima im Team erzeugen, denn das resultiert aus der Pflege harmonischer Beziehungen zueinander. Hierzu zählen folgende Eigenschaften:

- aufmerksam zuhören können
- offenes Feedback geben und annehmen
- Ich-Botschaften senden (erkläre ich später)
- konstruktive Kritik üben und annehmen
- sich selbst behaupten
- tolerant und kompromissbereit sein
- aufrichtig sein
- hilfsbereit sein

Diese beziehungsfördernden Verhaltensweisen stellen hohe Ansprüche an den Einzelnen. Möglicherweise hat jedes Mitglied im Team die eine oder andere Schwäche. Verhaltensweisen können gelernt oder trainiert werden. Ziehen Sie bei Bedarf eine entsprechende Qualifizierung in Betracht.

Der Erfolg des Teams hängt vom Fachwissen und der Lernbereitschaft, der Fähigkeit zur Selbstorganisation und beziehungsfördernden Verhaltensweisen ab.

Die Bildung von teamorientierten Organisationsformen an sich bringt noch keine Vorteile, sondern schafft die Voraussetzung, um vorteilhafte Abläufe und Ergebnisse zu erzielen. Im Folgenden beschreibe ich Ihnen die wichtigsten Entwicklungsphasen im Team.

Indianisches Sprichwort:

„Ein Finger kann keinen Kieselstein heben."

1.6 Entwicklungsphasen im Team

Jedes Team geht durch die verschiedenen Phasen in einem Prozess, der zu einem erfolgreich arbeitenden Team gehört. Sie sollten sie kennen, um zu wissen, in welcher Sie sich befinden. Dadurch können Sie Ihre Einflussmöglichkeiten besser nutzen.

Die vier Phasen der Teamentwicklung

1. Orientierungsphase
2. Konfrontations- und Konfliktphase
3. Konsens- und Kompromissphase
4. Leistungsphase

Orientierungsphase

Die Teammitglieder lernen sich kennen. Alle sind zurückhaltend und vorsichtig und die Arbeit ist eher konfliktarm.

Nach der Schnupperphase erfolgt meist der erste Rückschlag für das Team. Noch nicht alle sind vom Erfolg des Teams überzeugt. Die Beziehungen leiden unter dem ersten Arbeitsstress. Im Übergang von der Orientierungsphase zur Konfrontations- und Konfliktphase entsteht eine erste Kritikphase, in der allmählich Kritik geäußert wird. Die Einzelnen fühlen sich sicherer und beziehen klarere Positionen. Es kommt erstmals zu Spannungen und Konflikten. Nun entwickelt sich eine Hackordnung.

Konfrontations- und Konfliktphase

Diese Phase bringt Machtkämpfe, Verbündete werden gesucht und die Koalitionen wechseln. Die Teamleitung wird in Frage gestellt und herausgefordert. Die Teammitglieder verschaffen sich Freiheiten und loten ihre Grenzen aus.

Das Team muss die Phase erfolgreich durchlaufen. Man kann sie die Pubertät des Teams nennen und bekanntermaßen gibt es da gerne mal Zoff. Also treten auch Konflikte auf. Die Arbeitsprozesse laufen jetzt mit Reibung ab und die Teamarbeit wird in Frage gestellt. Man hört: „Das habe ich doch schon immer gesagt! Warum hört keiner auf mich?". Wenn das Team diese kritische Phase nicht gut durchläuft, bricht es auseinander oder arbeitet unproduktiv. Gerade jetzt ist es für Sie als Teammitglied wichtig, Ruhe zu bewahren und sich nicht ins Bockshorn jagen zu lassen. Eventuell haben Sie eine schwache Teamleitung, der es nicht gelingt, dem Team zu helfen und Kraft und Stärke zu zeigen. Diese Phase ist für die meisten Teamleiter und -leiterinnen sehr anstrengend, und manche zerbrechen daran.

Dabei ist es gerade jetzt wichtig, durchzuhalten. Wenn Ihre Teamleitung das Durchhaltevermögen der Teammitglieder nicht erfolgreich stärken kann, dann können Sie als Teammitglied diese Aufgabe übernehmen. Das ist zwar eigentlich Führungsaufgabe, aber auch im besten Sinne konstruktive Teamarbeit. Die Früchte dieses Einsatzes werden Sie später ernten.

Soweit in dieser frühen Phase realisierbar, sind schnelle Erfolge jetzt sehr hilfreich. Eine weitere Übergangphase leitet von der Konfrontations- und Konfliktphase in die Konsens- und Kompromissphase. Wenn alles gut läuft, kommt es zur Überwindung der Konfliktphase und das Team lernt, mit Konflikten umzugehen.

Konsens- und Kompromissphase

Wenn der Lernprozess gelingt, fühlen sich die Teammitglieder wohl. Nach einiger Zeit wurden die Konflikte überwunden, die Atmosphäre entspannt sich und Widerstände lösen sich auf. Es macht sich ein Konsensgefühl breit.

Nun besteht die echte Bereitschaft zur Zusammenarbeit. Die Teammitglieder haben Routine im Umgang mit Problemen und durch das Durchstehen der schwierigen Phase haben sie ein gegenseitiges Vertrauensverhältnis aufgebaut. Jetzt wird die Arbeit im Team und die Zugehörigkeit zum Team als Erfolg aufgefasst. Wichtig für Sie ist es, in dieser Phase eine Cliquenbildung zu vermeiden, weil dadurch leicht ein übersteigertes Gruppenbewusstsein entstehen kann.

1.6.1 Wichtigste Etappe: Die Leistungsphase

Die Teammitglieder genießen das sich entwickelnde Teamgefühl und das Team fühlt sich stark. „Wir meistern es". Dieser wichtigste Übergang führt in die Leistungsphase des Teams.

Nun zeigt das Team seine Lebensfähigkeit. Alle Kräfte sind auf die Bewältigung der Aufgabe konzentriert. Es wird rational gearbeitet. Das Team hat Autonomie und Teamautorität. Es zeigt sich selbstbewusst und hat eine gute Selbstorganisation. Entsprechend verringert sich der Einfluss des Managements auf das Team. Ein Teamselbstbewusstsein kann in einer Organisation zur Machtfrage werden.

Eine Gefahr besteht darin, dass erworbenes Wissen nur in den Köpfen der Mitarbeiter gespeichert und nicht den anderen Mitgliedern des Teams zur Verfügung gestellt wird. Hier ist es hilfreich, wenn das Team Methoden etabliert, mit denen der Vorgang der Wissenszurückhaltung vermieden wird.

Die Dauer der Phasenverläufe sind in jedem Team verschieden. Es ist wichtig, dass ein Team schnell in die Konsens- und Kompromissphase übergeht, denn da beginnt die arbeitsfähige Phase des Teams.

> Die Entwicklungsphasen, die ein Team durchlaufen muss, wecken schließlich in der Leistungsphase die Bereitschaft zur Zusammenarbeit

1.7 Let's play

Am Anfang gibt es für das Team viel zu lernen. Der Umgang miteinander muss geübt werden. Konfliktfähigkeit muss aufgebaut und trainiert werden. Aufmerksames Zuhören, gezieltes Fragenstellen und konstruktives Kritisieren muss genau so eingeübt werden wie Teamsitzungen durchzuführen. Für die Bewältigung dieser Aufgaben ist es nützlich, gemeinsame Spielregeln aufzustellen.

Folgende Regeln haben sich bewährt:

- Akzeptieren Sie sich gegenseitig. Sehen Sie jeden als wichtig und gleichberechtigt an.
- Begehen Sie keine Alleingänge, denn im Team handelt jeder für das Team und nicht für sich. Positive Arbeitsergebnisse gehören dem Team und nicht dem Einzelnen. Eigener Erfolg entsteht durch den Teamerfolg.
- Üben Sie konstruktive Kritik und nehmen Sie Kritik an. Alle Teammitglieder können ihre Meinung und Vorschläge frei äußern. Gegenseitige Kritik ist immer sachlich zu äußern. Sie muss konstruktiv, das heißt aufbauend und hilfreich für Sie und das Team sein. Es bringt nichts festzustellen, dass etwas nicht geht. Konstruktiv ist die Aussage wie es gehen könnte.
- Seien Sie hart in der Sache, aber fair zu den Personen. Meinungsverschiedenheiten gehören zum Teamleben. Starten Sie keine persönlichen Angriffe. Diese vergiften die Atmosphäre und verhindern den Erfolg.
- Teilen Sie Ihre Informationen grundsätzlich immer mit allen. Mitwissen und Mitentscheiden sind die wichtigsten Motivationsfaktoren für Zusammenarbeit.

Weitere Tipps zur Kommunikation im Team

- Fassen Sie sich kurz.
- Nur einer redet.
- Hören Sie aufmerksam zu.
- Nehmen Sie Blickkontakt auf und halten Sie ihn.
- Bevorzugen Sie Ich-Botschaften (ausführlich in Kapitel „Im Team wachsen, 7.4.).
- Interpretieren Sie nicht, sondern fragen Sie nach.
- Versetzen Sie sich in die Sicht des anderen.

Die Teammitglieder müssen den Umgang miteinander üben. Konfliktfähigkeit muss aufgebaut und trainiert werden: Aufmerksames Zuhören, gezieltes Fragenstellen, konstruktives Kritisieren, Teamsitzungen durchführen. Am besten stellen Sie gemeinsame Spielregeln auf.

Indianisches Sprichwort:

„Wenn man schnell vorankommen will, muss man allein gehen. Wenn man weit kommen will, muss man zusammen gehen."

1.8 Das macht mir tierisch Spaß

Ohne Engagement läuft im Team nichts. Das ist jedoch nicht automatisch von Anfang an vorhanden. Es muss gefördert und entwickelt werden. Engagement drückt sich in Lebhaftigkeit, Freude, Ideenreichtum und Interessenvielfalt aus. Diese Merkmale können sich aber nur entwickeln, wenn auf ihr Vorhandensein seitens der Teamleitung Wert gelegt wird.

Leider erkennen oder wissen Teamleiter dies oft nicht. Manche fühlen sich sogar durch das Engagement der Mitarbeiter bedroht. Sie sind erstarrt in ihrer Routine oder haben Sorge um ihre Position.

Aus dieser Haltung heraus fällt es Teamleitern schwer, Lob und Anerkennung weiterzugeben. Ihnen ist nur akademisch bewusst, dass sie dadurch wenig für die Motivation ihrer Mitarbeiter tun. Anerkennung in Form von Lob und Wertschätzung verwandelt sich in Motivation. Das Lob spornt an, sich weiter zu engagieren.

1.8.1 Extrinsische und intrinsische Motivation

Wir können zwei Varianten von Motivation unterscheiden: die extrinsische und die intrinsische. Extrinsische Motivation kommt von außen wie zum Beispiel eine Beförderung, ein Bonus, Lob, Anerkennung. Sie ist nicht so dauerhaft und wirksam wie die intrinsische Motivation, also die Motivation, die wir uns selbst von innen geben.

Beste Voraussetzung für die Entwicklung von Engagement ist es, wenn die Arbeit durch die gemeinsame Zielrichtung geprägt und durch ein freundliches Miteinander bestimmt ist. Dies sollte die Teamleitung ständig beobachten und entsprechend steuern. Aber auch hier versagen Teamleitungen häufig. Deshalb ist es für Sie als Teammitglied oft sehr schwierig, Ihr Engagement aufrechtzuerhalten, weil Sie von der Leitungsebene wenig unterstützt werden.

Für die Produktivität im Team ist ein gutes Klima unerlässlich. Die Entwicklung eines guten Klimas bedarf einerseits intensiver Führungsarbeit und andererseits Unterstützung durch die Teammitglieder. Daran können Sie also selbst aktiv mitarbeiten.

Ein gutes Klima zu erzeugen und zu erhalten gehört zu den weichen Faktoren der Arbeit mit und in einem Team. Bemühen Sie sich, das Mitglied eines arbeitsfähigen Teams zu sein und an der gemeinsamen Aufgabe mitzuarbeiten.

- Kümmern Sie sich um Ausgewogenheit.
- Beteiligen Sie sich an einer Teamsatzung, in der alle Spielregeln zum Umgang miteinander vereinbart werden. Hierzu gehören Pünktlichkeit und Pausenregelung, an die sich jeder halten sollte.
- Überlassen Sie wertschätzenden Umgang nicht nur Ihrem Teamleiter, der davon manchmal überfordert ist, weil er selbst von seiner Führungsebene zu wenig Anerkennung erhält. Verhalten Sie sich selbst wertschätzend. So fühlt sich jeder ernst genommen.
- Das Team muss Vertrauen untereinander aufbauen können. Seien Sie deshalb verschwiegen. Interna dürfen den Bereich des Teams nicht verlassen und nicht mit Teamfremden besprochen werden.
- Arbeiten Sie als Teammitglied an den Lösungen. Die Synergie spielt hierbei die zentrale Rolle. Jeder Teilnehmer bringt individuelle Ansätze und Ideen mit. Die Kunst besteht darin, diese zu einem Ganzen zusammenzuführen.
- Sprechen Sie Lob aus. Vermitteln Sie Ihren Teamkollegen die volle Wertschätzung für ihre Arbeit. Mit Lob erreicht man deutlich mehr als mit Kritik!

Als weitere Erfolgsfaktoren gelten

- ein gutes Engagement aller
- ein angenehmes Arbeitsklima
- eine klare Rolle in der Organisation
- transparente Arbeitsmethoden
- eine schnelle Entscheidungsfindung
- eine gute Ergebnissicherung
- ein konstruktives Miteinander

Extrinsische und vor allem intrinsische Motivation schaffen das gute Arbeitsklima für Engagement, Vertrauen und ein konstruktives Miteinander.

1.9 Alles neu macht der Mai

Sich in einem neuen Aufgabengebiet zurechtzufinden, ist nicht einfach. Als Berufsanfänger oder als neuer Mitarbeiter stehen Sie ohne spezielle Fachkenntnisse und Routine anfangs etwas hilflos da. Sie sind darauf angewiesen, dass man Ihnen Dinge erklärt oder Fertigkeiten vermittelt. Wenn Sie schon Kenntnisse mitbringen und vielleicht schon länger an dieser Stelle eingesetzt sind, dann erwartet man bereits mehr von Ihnen.

Als Grundsatz sollten Sie sich deshalb vornehmen, die Ihnen übertragenen Aufgaben schnell und sorgfältig zu erledigen. Übernehmen Sie Verantwortung – damit sammeln Sie Pluspunkte bei Kollegen und Vorgesetzten. Selbst wenn Ihnen mal ein Fehler unterläuft, ist das kein Grund zur Panik. „Aus Fehlern wird man klug, darum ist einer nicht genug" wie Ingrid Steeger in der Fernsehsendung „Klimbim" einmal so hübsch formulierte. Wenn Sie zu Missgeschicken und zu anfänglichen Unzulänglichkeiten stehen, wird Ihnen das niemand übel nehmen. Durch Fehler, aus denen Sie gelernt haben, entwickeln Sie Ihre eigene persönliche Arbeitsmethodik.

1.10 Entwickeln Sie ihre Arbeitsmethodik über AKKURAT

Als Arbeitsmethodik verstehe ich die Summe aller Verfahren, durch deren Anwendung die menschliche Arbeitsleistung effektiver gestaltet werden kann. Die Darstellung der Methoden oder Techniken bezieht sich auf die Bewältigung von geistiger Arbeit. Unter persönlicher Arbeitstechnik ist das Handlungspotential gemeint, das die Auseinandersetzung mit den Arbeitsaufgaben ermöglicht.

Wie ich in meinem ersten Buch, „100 Minuten für den kompetenten Auftritt", begründet habe, ist es sinnvoll, immer ein Buch mitzuführen, in das Sie Ihre Gedanken und Erkenntnisse notieren. Ich habe es Selbstbuch genannt. Folgende Herangehensweise nach meinem AKKURAT-Prinzip hat sich als hilfreich erwiesen und kann im Selbstbuch dokumentiert werden:

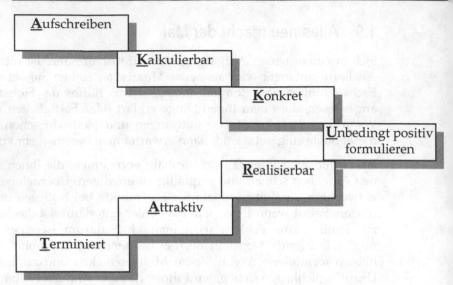

Abbildung 1-1: AKKURAT (© Sibylle Horger-Thies)

Aufschreiben

Werden Sie sich erst mal über die gestellten Aufgaben klar. Notieren Sie die Aufgaben. Was ist das Ziel und was müssen Sie tun, um es zu erreichen? Können Sie die Aufgaben nicht allein bewältigen oder verstehen die Aufgabenstellung nicht, sollten Sie bei Vorgesetzten und Kollegen nachfragen.

Kalkulierbar

Definieren Sie, welche Ressourcen Sie benötigen: Material, Finanzen, Manpower. Schätzen Sie ab, was Sie noch brauchen und welche Schritte Sie unternehmen müssen, um die fehlenden Ressourcen zu bekommen.

Konkret

Probleme gibt es immer mal wieder. Entscheidend ist, sie rechtzeitig zu erkennen und konkret zu definieren. Ist die Aufgabe klar umrissen, sollten Sie auf mögliche Schwierigkeiten hin überprüfen und auftauchende Fragen schon im Vorfeld klären.

Unbedingt positiv formulieren

Gehen sie noch mal in die Zieldefinition und achten Sie darauf, sie positiv zu formulieren. Genauso halten Sie es mit allen Etappenschritten.

Realisierbar

Von der detaillierten Planung zur Realisation ist es nur noch ein kleiner Schritt. Stimmt die Vorbereitung, kann bei der Ausführung im Prinzip nicht mehr viel schief gehen. Bei der Planung ist das Wichtigste, die Aufgabe in Detailaufgaben zu zerlegen. So erhalten Sie einen besseren Überblick und können sich Stück für Stück vorarbeiten. Das Entscheidende dieser Detailplanung ist der Zeitablauf, also das sinnvolle nacheinander. Als praktische Hilfe bietet sich eine Aufstellung der Aufgaben in der Rangfolge der Wichtigkeit an.

Attraktiv

Achten Sie darauf, Ihre Zieldefinition einschließlich der einzelnen Etappenschritte attraktiv zu halten. Kein Mensch möchte ein unattraktives Ziel erreichen.

Terminiert

Setzen Sie einen genauen Zeitpunkt, bis zu dem Sie Ihr Ziel erreicht haben möchten. Versehen Sie auch schon Ihre Etappenziele mit Terminen, dann wissen Sie immer, wo Sie zeitlich gerade stehen und was noch zu tun ist.

Wenn Sie die Vorgehensweise von AKKURAT konsequent anwenden, wird es Ihnen leicht fallen, schnell Ihre eigene persönliche Arbeitsmethodik zu entwickeln und Ihre Ziele im Auge zu behalten.

1.11 „Eigenlob stimmt"

Ein altes Sprichwort sagt:

„Klappern gehört zum Handwerk".

Leider beherzigen das viele Menschen zu wenig, vielleicht weil sie es kaum gelernt haben. Lernen Sie, sich im besten Licht darzustellen und auf sich aufmerksam zu machen. Stellen Sie Ihre Leistung positiv dar. Hören Sie auf, nach dem Motto: „Die Arbeit muss nun mal getan werden" zu agieren und vergessen Sie Ihre Hemmungen, darüber große Worte zu verlieren.

Ich finde, dass wir uns gar nicht genug für unsere guten Eigenschaften loben können. Und je eher wir damit anfangen, um so besser. Und da ich vermute, dass Sie unter dem gleichen Bescheidenheitssyndrom leiden, wie die meisten von uns, möchte ich Ihnen einige praktische Hinweise für den Einstieg in eine positive Selbstdarstellung geben.

1.11.1 Hinweise zur positiven Selbstdarstellung

Zunächst einmal müssen Sie sich bewusst machen, was es an Ihnen alles zu loben und hervorzuheben gibt. Schreiben Sie das am besten in Ihrem Selbstbuch auf, damit Sie es immer vor Augen haben. Nichts ist zu gering als dass es nicht auf Ihrer Liste erscheinen dürfte! Je länger sie wird, desto besser.

Seien Sie in Ihrer Auswahl nicht zu kritisch. Führen Sie auch Dinge auf, die Ihnen nicht hundertprozentig gelingen oder die nicht ganz perfekt sind. Wir neigen ohnehin dazu, unser Eigenlob ständig mit einem „Ja, aber ..." abzuschwächen.

Danach geht es darum, diese Fähigkeiten auch vor anderen hervorzuheben. Vermutlich betreten Sie damit Neuland und es ist Ihnen zunächst unangenehm. In der Kindheit haben viele von uns den elterlichen Spruch „Eigenlob stinkt" inhaliert. Am besten formulieren Sie ihn sofort in **„Eigenlob stimmt"** um. Natürlich geht es nicht darum, damit anzugeben, wie toll Sie sind oder dauernd mit einem gezielten „Na, habe ich das nicht mal wieder großartig gemacht?" herumzurennen. So etwas berührt unangenehm. Die Form der positiven Selbstdarstellung, die ich meine, ist unaufdringlich und wirkt sicher und souverän.

Sie brauchen weder verlegen zu werden noch abzuwiegeln, wenn Ihnen jemand etwas Nettes sagt. Wie oft wehren wir ab, wenn uns jemand lobt oder ein Kompliment ausspricht? Werden Sie sich klar, dass Sie mit Ihrer Abwehr auch der Person, die Sie lobt, indirekt den Geschmack oder die Urteilskraft absprechen.

Ich hoffe, Sie haben Lust bekommen, etwas für Ihre positive Einstellung zum Leben, zu anderen Menschen und zu sich selbst zu tun, denn das wird auch Ihre Teamfähigkeit enorm verbessern. Aber berücksichtigen Sie bitte: eine positive Haltung lässt sich nicht vorspielen. Aufgesetztes Lob, ein Lächeln, das zwar in den Mundwinkeln, aber nicht in den Augen ist und betonter Optimismus erreichen nie das Herz des Gegenübers. Unsere Ausstrahlung erscheint dann unecht.

Wenn Sie wirklich daran arbeiten wollen, Ihre persönliche Energie zu verbessern um eine positive Einstellung zu erwerben, dann haben Sie sich viel Anziehung erschlossen. Und nicht nur das – auch zum Glücklichsein. Und Glück strahlt immer aus.

Nehmen Sie Abstand vom Alltag und machen Sie sich Gedanken darüber, wie Sie Ihr Leben sehen? Viele Dichter und Denker haben es getan. Ihr Ergebnis kleideten sie gerne in Bilder: Das Leben ist eine grüne Aue, ein steiniger Weg, ein sonniger Pfad, ein hoher Berg, der bestiegen werden will, unser Lebensschiff schwimmt auf einer glatten oder wildbewegten See.

Ingenieur

Das Leben ist ein Computer:
„Es kommt nur das dabei
heraus, was du eingibst".

Abbildung 1-2: Ingenieur

Das Leben ist eine grüne
Aue, und für jeden scheint
die Sonne

Sozialpädagoge

Abbildung 1-3: Sozialpädagoge

Wenn es Ihnen schwergefällt, in diesen poetischen Kategorien zu denken, dann empfehle ich Ihnen, über Work-Life-Balance, also über die Ausgewogenheit ihres Lebens, was Arbeit und Freizeit betrifft, nachzudenken. Vielleicht gibt Ihnen mein letztes Kapitel Anstöße, mal etwas anderes als sonst zu unternehmen.

Auch in Ihnen steckt die Fähigkeit, Ihr Leben so zu betrachten. Schließen Sie die Augen, und schauen Sie, welches Bild zum Thema „Mein Leben" spontan bei Ihnen auftaucht. Halten Sie es eine Weile fest. Es verrät Ihnen etwas über Ihre Sicht des Lebens. Fragen Sie sich also: Ist es eher düster oder hell? Leicht oder schwer?

Solche Bilder täuschen nie. Sie lassen sich auch kaum willkürlich verändern. Unser Unterbewusstsein spiegelt sehr genau wider, welche Stimmung in uns im Blick auf unser Leben vorherrscht. Wundern Sie sich nicht, wenn Sie später einmal diese Übung wiederholen und dabei etwas völlig anderes sehen. Entsprechend Ihrer Situation kann sich die Vorstellung im Laufe der Zeit vom Trauerspiel zur Freudenfeier verwandeln oder umgekehrt.

1.11.2 Positives Denken

Ihr Verstand gehört Ihnen allein. Und dieses Wunder können Sie in Anspruch nehmen, um sich zu vervollständigen. Geben Sie Ihrem Menschsein Ausdruck. Prägen Sie Ihr Persönlichkeitsbild. Beginnen Sie, Ihren Geist konzentriert einzusetzen. Dadurch formen und kontrollieren Sie sich gleichzeitig. Sie bestimmen Ihre Entwicklung. Dauerhafter und gesunder Erfolg verlangt das positive Denken.

Denken Sie negativ, werden Sie auch negativ handeln. Sie sind, wie Sie denken. Es ist selten ein Zufall, dass man Menschen ihre negative Einstellung ansieht. Jedes Verhalten wird von der inneren Haltung diktiert. Lächeln Sie, achten Sie auf die Sprache Ihres Körpers und vertreiben Sie unnötige Hemmungen. Mit intrinsischer Motivation erschließen Sie sich eine ungeheure Kraftquelle, die niemals versiegt.

1.11.3 Authentisch sein

Je authentischer Sie sind, desto besser werden Sie im Team wahrgenommen. Ihre Kollegen wissen dann, dass sie sich auf Sie verlassen können. Also spielen Sie nichts vor, die falsche Aussage und Haltung holt Sie sehr schnell unangenehm ein. Außerdem ist es ungeheuer anstrengend, anderen Menschen etwas vorzuschwindeln. Viel einfacher ist es, bei der Wahrheit und beim echten Verhalten zu bleiben. Wenn ich Ihnen das Modell mit dem blinden Fleck vorstelle, werden Sie bemerken, um wie viel leichter es ist, keine falschen Tatsachen vorzuspiegeln.

> Stellen Sie sich selbst positiv dar. Am besten gelingt das, wenn Sie auch positiv von sich denken. Verhalten Sie sich authentisch ohne den Teamkollegen etwas vorzuspielen. Sie dürfen sich auch selbst loben.

2 Gelingende Kommunikation

Zwar ist den meisten bekannt, dass es bei Kommunikation immer um die Inhalte gehen sollte, weniger verbreitet ist die Erkenntnis, dass auch die Gestaltung der Beziehung wichtig ist: wie man zum Gesprächspartner steht. Letztendlich definiert die Beziehung sogar den Inhalt. Von welcher grundlegenden Bedeutung aber die Art der Beziehung zwischen zwei Kommunikationspartnern für das gegenseitige Verständnis ist, bleibt den meisten verborgen.

Der Psychologe Paul Watzlawick hat gesagt: „Man kann nicht nicht kommunizieren." Schon bevor man spricht, nimmt man den anderen wahr. Dies geschieht vor allem über die Ebene der nonverbalen Signale. Deswegen ist es gut, sich seiner eigenen Körpersignale bewusst zu sein. Denn ohne es zu wollen, spricht der Körper immer mit. Manchmal plaudert er Dinge aus, die wir lieber nicht offen gemacht hätten. Deshalb sind nicht bewusste Körpersignale ein häufiger Grund für Missverständnisse.

Als Beispiel: Ein Verkäufer sagt zu Ihnen, dass er Sie gerne beraten möchte, dabei schaut er, mit müde wirkenden Augen träumerisch in die Ferne und seine Mundwinkel sind nach unten gezogen. Vermutlich empfinden Sie seine Frage als unehrlich und möchten sich nicht von ihm beraten lassen.

Körpersignale

Man kann die verschiedenen Signale der Körpersprache in fünf große
Bereiche einteilen. Da ich in „100 Minuten für den kompetenten Auftritt" sehr ausführlich auf dieses Thema eingegangen bin, hier nur eine
kurze Zusammenfassung. Ich habe Sie im Umfang ihrer Wirkung gelistet,
also je früher erwähnt, desto wirksamer:

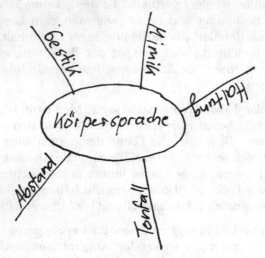

Abbildung 2-1: Körpersprache

Da ist zum ersten die Haltung zu nennen. Sie kann gerade oder gebeugt, offen oder verschlossen erscheinen. Ferner gibt es die Unterscheidung: gespannt und spannungslos. Gespannt verwechseln Sie in diesem Kontext bitte nicht mit angespannt oder verspannt. Spannungslos steht in der Körpersprache für lasch, energielos.

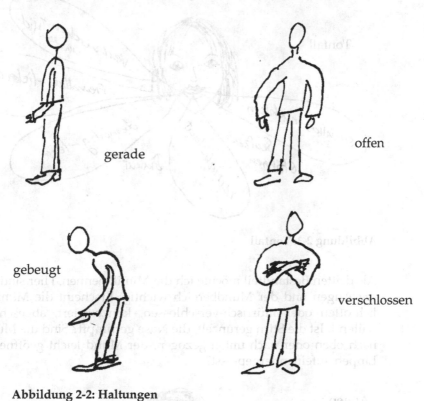

gerade

offen

gebeugt

verschlossen

Abbildung 2-2: Haltungen

Zum zweiten möchte ich auf den Tonfall verweisen. Er kann sachlich-nüchtern, herrisch-laut, demütig-leise, verwaschen-undeutlich erscheinen. Pausen sind von Bedeutung und nichtsprachliche Töne wie Stöhnen oder Seufzen. Er kann mit Dialekt einhergehen.

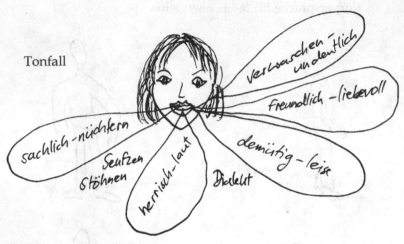

Abbildung 2-3: Tonfall

Als dritten Bestandteil möchte ich die Mimik nennen. Hier sind vor allem die Augen und der Mundbereich wichtig. Erscheint die Mimik freundlich-offen oder mürrisch-verschlossen, konzentriert, abgeschlafft oder wütend. Ist die Stirn gerunzelt, die Nase gerümpft? Sind die Mundwinkel nach oben oder nach unten gezogen, der Mund leicht geöffnet oder die Lippen aufeinandergepresst?

Augen
„Fenster zur Seele"

Mund
„Fenster zur Welt"

Abbildung 2-4: Mimik

Als vierter Punkt taucht die Gestik auf. Damit sind alle Bewegungen oder Berührungen gemeint, die von den Fingern, den Händen und den Armen bis zum Schulterbereich ausgeführt werden. Sie können auch hier in eine offene oder eine verschlossene Gestik unterscheiden. Zudem gibt es eine große und eine kleine Gestik. Menschen geben in der Gestik zuwendende und abwendende Signale.

Abbildung 2-5: Große Gestik

Abbildung 2-6: Kleine Gestik

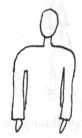

Abbildung 2-7: Keine Gestik

Zuletzt, sozusagen als fünftes Element, möchte ich den Abstand nennen. Hier unterscheidet man Bereiche. Wichtig in unserem Zusammenhang: In welcher Distanz steht jemand zu Ihnen? Wann verringert oder vergrößert er die Distanz? Wenn jemand einen Schritt von Ihnen zurücktritt, kann das heißen, er nimmt körperlich/geistig/psychologisch Abstand von Ihnen, Sie haben Mundgeruch oder er ist größer/kleiner als Sie und braucht mehr Entfernung, um Sie besser zu sehen. Oder Sie sind ihm zu nahe auf die Pelle gerückt, er entfernt sich, um sich besser zu fühlen. All dies geschieht meist unbewusst und Sie sind im Vorteil, wenn Sie sich die Signale bewusst machen.

intimer Abstand
(0 bis 50 cm)

Abbildung 2-8: Distanzbereich intim

gesellschaftlicher Abstand
(ca. eine Armlänge)

Abbildung 2-9: Distanzbereich gesellschaftlich

Gelingende Kommunikation im Team und auch anderswo erreichen Sie, wenn Sie mit Ihrem Kommunikationspartner in Bezug auf das Thema, um das es geht, einig sind und Ihre Beziehung klar ist. Sie misslingt, wenn Sie oder Ihr Kommunikationspartner unterschiedliche oder gegensätzliche Botschaften senden. Oder Sie sagen etwas und Ihre Körpersignale sind nicht kongruent – besagen also etwas anderes als die Worte ausdrücken.

Nicht nur das gesprochene Wort – nennt sich digitale Kommunikation – sondern vor allem die nonverbalen Äußerungen – zum Beispiel Lächeln, Wegschauen – teilen etwas mit. Angenommen, Sie erklären, Sie seien ganz offen für die Vorschläge der anderen und nehmen dabei eine verschlossene Haltung mit verschränkten Armen ein, gucken währenddessen woanders hin und pressen gleich danach die Lippen fest aufeinander.

Auf diese Art drückt Ihr Körper etwas anderes aus als Ihre Worte. Ich denke, in dem Fall kaufen Ihnen Ihre Teamkollegen die Offenheit nicht ab.

Kongruenz dagegen überzeugt immer. Diese kann sich in unserem Beispiel so ausdrücken: Sie zeigen eine offene Haltung, sind den Kollegen zugewandt, haben Blickkontakt zu allen mit weiten Augen und gleich nach Ihrer Aussage liegen Ihre Lippen locker aufeinander oder der Mund ist leicht geöffnet.

Kommunikationsabläufe sind entweder symmetrisch, also auf beiden Seiten gleich oder komplementär – das heißt, gegensätzlich, aber sich ergänzend. Das drückt sich oft in Unterordnung aus, der eine hat die Oberhand über den anderen.

Bei einer symmetrischen Beziehungsform bemühen sich die Partner, Ungleichheit untereinander zu minimieren. Beide streben nach Gleichheit. Je partnerschaftlicher und ebenbürtiger eine Beziehung ist, desto klarer und auch einfacher gestaltet sich die Kommunikation.

Es ist nicht ganz einfach, dazu Beispiele zu finden, da sie vor allem von der Firmenkultur abhängen. Eine hierarchische Struktur drückt sich zum Beispiel darin aus, dass die Leitung hinter geschlossenen Türen agiert und gesiezt werden möchte.

Eine nicht hierarchische drückt sich durch offene Türen aus, man duzt sich und kann jederzeit zum Chef. Letztere ist besser geeignet für konstruktive Teamarbeit, da man nicht erst lange Entscheidungswege gehen muss, sondern immer gleich und schnell Antworten bekommt und dann rasch produktiv weiterarbeiten kann.

> Nicht nur das gesprochene Wort, sondern vor allem die nonverbalen Äußerungen teilen etwas mit. Die Kategorien bestehen aus: Haltung, Tonfall, Gestik, Mimik und Abstand.

2.1 Es ist geglückt – erfolgreiche Kommunikation

Vielleicht ist die Definition einfacher, wenn wir uns überlegen, was ein erfolgreiches Gespräch auszeichnet. Erst einmal ist ein Gespräch dadurch charakterisiert, dass zwei oder mehr Menschen miteinander reden. Davon gehen alle aus, weshalb sie sich innerlich dagegen wehren, wenn das Gegenüber Monologe hält und sie sich zur Passivität verurteilt fühlen. Diese Einstellung gilt auch für ruhigere Menschen. Sie beanspruchen weniger Redeanteile, wollen aber auch zu ihrem Recht kommen.

Gerade im Team ist es wichtig, Gespräche produktiv zu führen. Wer das aktiv und erfolgreich gestalten will, muss sicherstellen, dass am Ende auch der oder die Gesprächspartner zufrieden sind. Ist das nicht der Fall, so wird der Gesprächspartner resignieren. Im schlimmsten Fall, wenn er das Gespräch als Niederlage empfindet, wird er versuchen, sich bei nächster Gelegenheit zu rächen. Wenn Sie nun ein rhetorisch oder verhandlungstechnisch besonders überlegener Mensch sind, dann dürfen Sie den anderen erst recht nicht spüren lassen, wie schwach er gegen Sie aussieht. Überreizen Sie Ihre Position, dann veranlasst das Ihr Gegenüber mit anderen eine Koalition einzugehen, auch wenn sie sich sonst gegenseitig ablehnen.

Persönlicher Kontakt

Grundsätzlich ist zu sagen, dass nichts die zwischenmenschliche Kommunikation so lebendig gestaltet wie das persönliche Gespräch. Bedenken Sie dies, wenn Sie sich daran machen, dem Kollegen schnell mal eine Mail zuzusenden, um ihn auf den Wissensstand zu setzen oder ihn um etwas zu bitten. Sicherlich haben wir mit Emails ein schnelles und effizientes Kommunikationsmittel gewonnen. Aber überlegen Sie mal, wie wenig zusätzliche Aspekte Sie über den digitalen Weg mitsenden können. Ihre Gefühle, die meisten aktuellen Bezüge und vor allem die Gestaltung des Beziehungsaspekts bleiben gänzlich auf der Strecke.

Die Oldschool-Form der Kommunikation über den persönlichen Kontakt ermöglicht vor allem:

– einen raschen Gedankenaustausch und damit eine schnelle Verständigung herbeizuführen
– neue Einsichten durch gegenseitige Impulse zu erarbeiten
– Mitteilungen über die Körpersprache wirkungsvoll darzustellen

– positive menschliche Beziehungen aufzubauen

Jeder Mensch erwartet in einem Gespräch, dass er bestimmte Bedürfnisse erfüllt bekommt. An was er konkret denkt, ergibt sich oft erst im Laufe des Gesprächs. Möchten Sie also ein Gespräch erfolgreich führen, dann müssen Sie überlegen, welche Bedürfnisse der andere haben wird und wie Sie diese – ohne sich selbst zu schädigen – erfüllen können. Die Aussage trifft nicht nur auf Gespräche im Team, sondern auf alle anderen Gespräche zu. Kommunikative Begegnungen mit bisher unbekannten Menschen gewinnen dadurch ihren Reiz, bringen jedoch auch Herausforderungen. Man muss sehr schnell checken, was den Gegenüber bewegt. Dies erfordert von Ihnen: hören Sie besonders sorgfältig zu, analysieren Sie schnell und zutreffend, reagieren Sie rasch und gehen auf den anderen ein.

Der Fehler vieler Menschen besteht darin, sich auf das zu versteifen, was sie erreichen wollen. Ihr Denken und Handeln wird dadurch stark kanalisiert und sie sind nicht mehr in der Lage, selbst elementare Bedürfnisse des anderen wahrzunehmen. Dann können diese auch nicht ausreichend berücksichtigt werden.

Entscheidend ist oft schon die Begrüßungsszene bei einem Gespräch, bevor die Gesprächspartner zur Sache kommen. Gerade in dieser Situation wird ein guter Bezug zum anderen hergestellt. Denn bei zwei Menschen, die sich zum ersten Mal begegnen, wird oft bereits in den ersten Sekunden klar, ob sie sich sympathisch finden. Es bedarf schwieriger Umdenkprozesse, um ein einmal gefälltes Urteil in der sachlich notwendigen Weise zu korrigieren.

Gelingende Kommunikation hat als Grundlage den persönlichen Kontakt und beginnt schon bei der Begrüßung. Bevorzugen Sie den Dialog statt den Monolog.

2.2 Dialogsicherheit

Wie erreichen Sie nun eine ausgeglichene Kommunikation im Team ohne in kommunikative Fallen zu tappen? Kommunikative Konflikte entstehen nicht erst aufgrund von Übertragungen, Verschiebungen oder Kränkungen, sondern die alltägliche, scheinbar „normale" Kommunikation spielt sich oft so ab, dass keiner dem anderen richtig zuhört. Jeder monologisiert vor sich hin, ein Dialog findet selten statt.

Während der eine spricht, ist der andere bereits innerlich mit der Gegenrede beschäftigt. Am wichtigsten scheint es, den eigenen Standpunkt durchzusetzen. So kommt es zu Streit und Missverständnissen, weil keiner versucht, auf den anderen einzugehen und ihn zu verstehen. Hier gibt es eine einfache Technik, die in der Kommunikation von Teammitgliedern unverzichtbar ist.

Die Verständigung wird leichter, wenn Sie sich an den Sprachstil des Gegenübers anpassen. Jeder nimmt die Umwelt durch seine Sinne wahr: Sehen, Hören, Fühlen, Riechen, Tasten. Da Riechen in unserem Kulturkreis bei Erwachsenen etwas in den Hintergrund tritt und das Tasten im Businessbereich eher nicht vorkommt, können wir uns auf das Sehen, Hören und Fühlen beschränken.

Das NLP, neurolinguistisches Programmieren, konnte nachweisen, dass bei den meisten Menschen eine dieser Sinneswahrnehmungen im Vordergrund steht und sich einerseits im Sprachstil und andererseits in der Augenbewegungen äußert. Unter NLP sind verschiedene Techniken gemeint, mit denen die Kommunikation durchschaubarer gemacht wird. Die Methode geht von einem ganzheitlichen Persönlichkeitsbild aus und hat den Menschen mit all seinen Entwicklungsmöglichkeiten im Fokus.

Abbildung 2-10: NLP – die Programmiersprache kenne ich gar nicht

Sie gewinnen Dialogsicherheit, wenn Sie den Gesprächspartner auf einer Wellenlänge erreichen. Beachten Sie hierzu seinen bevorzugten Sinneswahrnehmungskanal: Sehen, Hören oder Fühlen.

2.2.1 Rapport herstellen

Wenn zwei Menschen miteinander kommunizieren, gleichen sie sich unbewusst einander an. Vielleicht haben Sie auch schon den Ausdruck verwendet: „Wir schwimmen auf einer Wellenlänge." Sie gleichen in diesem Fall den Takt oder besser gesagt, die Frequenz Ihrer Bewegungen und Ihre Sprache, Ihre Körperspannung und Ihren Atemrhythmus Ihrem Gegenüber an. Der andere Begriff dafür ist: im Rapport zu sein.

Achten Sie mal darauf, wie Menschen gehen oder im Gespräch gestikulieren. Schnell fällt auf, dass ein Gleichklang entsteht, eine Ähnlichkeit der Bewegungen. Wenn Sie genauer hinschauen, werden Sie bemerken, dass die Angleichung um so schneller entsteht, je besser sich die beiden verstehen. Der eine wird langsamer und der andere schneller, je nachdem. Man könnte meinen, die beiden hätten sich vorher auf einen Takt geeinigt.

Über vielfältige Videoaufnahmen von Teilnehmern in Seminaren habe ich festgestellt, dass sich die Bewegungen immer ähnlicher werden, je sympathischer sich die Gesprächspartner sind. Die Gesten der Hände bewegen sich wie in einem gemeinsamen Tanz. Umgekehrt finden bei Menschen, die sich wenig sympathisch sind, wenig Tänzchen statt. Anscheinend können sich diese Partner oder soll ich sagen Gegner, auf keinen gemeinsamen Tanzschritt einigen. Es kann auch sein, dass keiner dem anderen die Führung überlassen möchte. Wer tanzt, weiß, wie wichtig es beim Tanzen ist, dass einer führt und der andere sich führen lässt.

Schade ist es, wenn die Rapporterkennungsmerkmale nicht bewusst wahrgenommen werden können. Dies passiert häufig, weil sie nicht immer dem Bewusstsein gemeldet werden. Man empfindet dann eine schlechte Stimmung, spricht von unangenehmer Atmosphäre, wenn man zum Beispiel in ein Meeting kommt. Unbewusst nehmen Sie wahr, dass ein oder mehr als ein Teilnehmer keinen Rapport zeigt.

Fehlender Rapport diagnostiziert eine Störung

Fehlender Rapport ist immer ein Anzeichen für eine Störung in der Kommunikation. Achten Sie deshalb auf Ihr Bauchgefühl und kümmern Sie sich erst darum, diese Störung aufzulösen, ehe Sie Ihr sachliches Anliegen weiterverfolgen. Nehmen Sie es wie die Warnlampe in einem modernen Fahrzeug, deren Leuchten Ihnen signalisiert, dass etwas nicht stimmt und auffordert, etwas zu tun. Dann fahren Sie in die Werkstatt und lassen zum Beispiel Öl nachfüllen.

Wenn dagegen Rapport hergestellt ist, fühlen Sie sich wohl. Im besten Sinne bedeutet Rapport: Aufmerksamkeit, Konzentration und Fokus auf den anderen. Man bezieht sich aufeinander und mit der Basis für Vertrauen, die dadurch geschaffen wurde, verläuft auch die Kommunikation wesentlich leichter. Schnell stellen Sie dann fest, dass dies durch eine Art Spiegelung des Körperausdrucks bestätigt wird. Um vom Beruf her ein Beispiel zu bringen: ein guter Verkäufer ist jemand, der sehr schnell Rapport herstellen kann. Das drückt sich dadurch aus, dass der Verkäufer bewusst oder intuitiv den Ausdruck des Kunden spiegelt. Dann fühlt sich der Kunde wohl und baut Vertrauen auf. Der Verkäufer weiß wie wichtig der Rapport ist und ihm ist bewusst, dass er ohne Rapport seinen Kunden nicht gewinnen wird, da dieser sich unwohl und unverstanden fühlt. Wer sich wohl fühlt, der kauft. Das kann man auf alle Bereiche übertragen, wer mit Ihnen im Rapport ist, der „kauft" auch Ihre Ideen und Vorschläge.

Stellen Sie Rapport mit ihrem Gesprächspartner her. Je besser Sie mit ihm im Einklang sind, desto eher können Sie Ihren Standpunkt vermitteln. Bei fehlendem Rapport ist das nicht möglich, deshalb klären Sie die Situation, wenn Sie eine schlechte Stimmung wahrnehmen.

2.3 Gute Kommunikation ist kein Zufall

Gute, verständnisvolle Kommunikation ist kein Zufall, sondern kann zielgerichtet hergestellt werden. Bekommen sie keinen Draht oder keinen Rapport zu Ihren Teamkollegen, dann kann es hilfreich sein, festzustellen, was für ein Typ er ist. Beobachten Sie darum Ihre Teamkollegen und achten Sie darauf, was für einen Sprachgebrauch sie pflegen. Haben Sie erst erkannt, welche Sprechgepflogenheiten Ihr Kollege bevorzugt, fällt es Ihnen leichter, über einen ähnlichen Sprachgebrauch Rapport herzustellen. Ihr Kollege fühlt sich dann besser verstanden und sie erreichen gemeinsam die Teamziele leichter. Man unterscheidet in verschiedene bevorzugte Sinneskanäle – Dominanz genannt. Die Sinneswahrnehmungen, auf die es hier ankommt, sind Sehen, Hören und Fühlen.

Sehdominanz

Die weitaus meisten Menschen sind „sehdominant". Sie sprechen auffällig oft in Bildern und sagen zum Beispiel „Ich sehe...", „Ich stelle mir das so vor...", „Wie sieht das aus?". Wenn Sie in Kontakt mit einem sehdominanten Gesprächspartner kommen möchten, erreichen Sie dies am besten, indem Sie ebenfalls eine bildhafte Sprache verwenden oder durch den Gebrauch von Bildmaterial. Dann sagen Sie zum Beispiel „Ist das Bild jetzt klar?", „Kannst du das Problem sehen?", „Blickst du durch?".

Weitere sehdominante Formulierungen

Perspektive, Überblick, Sichtweise, Einblick, Überblick, Vorsicht, Rücksicht zeigen, erleuchten, übersehen, schauen, sich vorstellen, aufblitzen, illustrieren, erscheinen, sichten, beobachten, übersehen, dämmern, einsetzen, hell, düster, klar, neblig, sichtbar, trübe, glänzend, deutlich, kurzsichtig, kristallklar.

Gefühldominanz

Die „gefühldominanten" Gesprächspartner, die eine kienästhetische Wahrnehmung haben, benützen in ihrem Sprachstil häufig Sätze wie „Ich fühle mich großartig", „Dieser Kunde macht mir Bauchschmerzen", „Mein Gefühl sagt mir...", „Das fühlt sich für mich nicht gut an". Um sich mit „gefühldominanten" Gesprächspartnern optimal zu verständigen, gebrauchen Sie gefühlsbetonte Sätze, zum Beispiel: „Was fühlst du bei diesem Projekt?" oder „Wie empfinden Sie diese Vorgehensweise?"

Weitere kienästhetische Formulierungen

Berührung, Leichtigkeit, Schwere, Druck, Spannung, Wärme, Behandlung, Regung, Einfühlsamkeit, festhalten, Kontakt herstellen, bewegen, anfassen, spüren, ausführen, beibehalten, einbringen, behandeln, abgrenzen beeindrucken, handeln, kalt, feucht, sanft, hart, fest, voll, rund, leer, erfüllt, zerstreut

Hördominanz

Die „hördominanten" Gesprächspartner benützen häufig Sätze wie „Bei mir klingelt es", „Ich höre wohl nicht recht", „Es klingt so, als ob...", „Wenn ich Sie so höre...". Um bei solchen Gesprächspartnern gut anzukommen, gebrauchen Sie hörbezogene Wörter erfolgreicher als gefühls- oder sehbetonte Ausdrücke und Wendungen.

Weitere hördominante Formulierungen

Debatte, Antwort, Harmonie, Musik machen, ganz Ohr sein, Geräusch, Klang, Dissonanz, Schweigen, Ankündigung, klingen, lauschen, widerhallen, einstimmen, abstimmen, diskutieren, nachfragen, stimmen, tönen, überhören, rufen, verstärken, laut, schrill, taub, unerhört, eingestimmt, hellhörig, stimmig

Überlassen Sie gute Kommunikation nicht dem Zufall. Verwenden Sie im Gespräch bewusst dieselbe Ebene von Formulierungen, die auch Ihr Gesprächspartner bevorzugt: sehdominante, kienästhetische, oder hördominante Formulierungen. Dadurch wird er Sie besser verstehen und sich besser verstanden fühlen.

2.3.1   Augensprache

Neben dem Sprachstil geben die Augenbewegungen Aufschluss über die vorherrschende Art der Sinneswahrnehmung, denn sie sind mit dem Wahrnehmungsprozess im Gehirn verbunden. Die Augenbewegungen ermöglichen also Rückschlüsse auf den Denk- und Fühlprozess des Gesprächspartners.

Wenn Sie Informationen, entsprechend dem bevorzugten Sinnessystem Ihres Gesprächspartners vorbereiten und senden, steigert dies Ihre Kommunikationsfähigkeit und der Kollege fühlt sich verstanden.

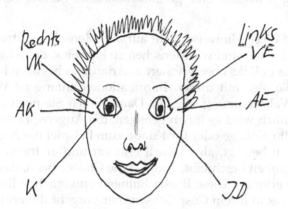

VK	visuell konstruiert
AK	auditiv konstruiert
K	kienästhetisch
VE	visuell erinnert
AE	auditiv erinnert
ID	innerer Dialog

Abbildung 2-11: Gesicht und Augensprache

Dabei werden sechs verschiedene Pupillenstellungen unterschieden: Oben rechts, oben links, Mitte rechts, Mitte links, unten rechts, unten links. In diesen Bereichen werden Informationen in einer bestimmten Hirnregion mit einem bestimmten Sinneskanal verknüpft.

Die Richtungszuteilung bezieht sich dabei auf die beobachtete Person. Die meisten Gesprächspartner bewegen die Augen nach oben, oder sie schauen geradeaus, wenn sie sich visuell etwas vorstellen.

Rechtshänder schauen in der Regel nach rechts oben, wenn sie sich an ein Bild erinnern, das sie schon einmal gesehen haben. Sie können das bei einem Gesprächspartner selbst überprüfen, indem Sie ihn fragen: „Welche Farbe hat der Teppich in deinem Auto?" oder „Wie viele Fenster hat deine Wohnung?" Wenn sich ihr Gesprächspartner aber etwas vorstellen muss, das er noch nie gesehen hat und das er konstruieren muss, wird er meistens nach links oben schauen.

Stellen Sie einem Gesprächspartner die Frage „Kannst du hören, wie ein bestimmter Mensch, dem du sehr nahe bist, deinen Namen ausspricht?" wird er, sofern er Rechtshänder ist, in der Regel seitwärts nach rechts schauen. Augenbewegungen nach links unten sind ein Hinweis darauf, dass der Gesprächspartner im Moment etwas fühlt. Der „sehdominante" Gesprächspartner wird häufig Augenbewegungen nach oben machen oder geradeaus schauen. Hördominante Gesprächspartner schauen häufig seitwärts und gefühlsdominante Sender sehen häufig nach unten.

Allerdings sind diese Hinweise nicht auf alle Menschen zutreffend. Das wäre zu einfach, dazu sind wir Menschen zu komplex. Beim Linkshänder ist es oft so, dass er links oben erinnert und dafür rechts oben konstruiert. Was können Sie also mit diesen Informationen anfangen? Wichtig ist, dass Sie Ihre Wahrnehmung schulen. Dann achten Sie noch auf den Inhalt und allmählich wird es Ihnen gelingen, die Augensprache besser zu deuten. Wenn Ihr Kollege oder Ihr Kunde zum Beispiel die Augen immer nach rechts oben bewegt, also visuell erinnert und er Ihnen Bilder aus seiner Vergangenheit beschreibt, dann ist die Chance hoch, dass er visualisiert und sich erinnert. Diese Beobachtungen ermöglichen Ihnen, besser zu verstehen, was in Ihrem Gesprächspartner vorgeht. Im optimalen Fall verbessert sich dann auch Ihre Kommunikation mit dieser Person.

Benützen Sie für jeden Menschen die passende Terminologie, dann erreichen Sie ihn schneller und effektiver. Der weitere positive Effekt ist, dass sich der andere von Ihnen besser verstanden fühlt und deshalb kompromissbereiter sein wird.

> Die Augenbewegungen des Gesprächspartners geben Ihnen weitere Hinweise auf seine bevorzugten Sinneskanäle.

2.3.2 Tipps für das aktive Zuhören

Menschen würden einander viel besser verstehen, wenn sie sich aufmerksamer zuhören würden. Oft denke ich, es müsste viel weniger gesprochen werden, wenn der andere achtsamer wäre und sich nicht nur mit den eigenen Gedanken beschäftigen würde.

Deshalb mein Rat: Konzentrieren Sie sich auf Ihren Gesprächspartner. Am besten bringen Sie Ihre Gesprächsbereitschaft durch Ihre Körperhaltung, Gesten und Mimik zum Ausdruck. Achten Sie dabei auch auf die nonverbalen Signale des anderen, wie sich zum Beispiel Tonfall und Lautstärke seiner Stimme verändern. Kristallisieren Sie aus der Masse der Informationen, die Sie erhalten, das zentrale Thema Ihres Gesprächspartners heraus. Übersetzen Sie sich komplizierte Fremdworte, die er benützt und vermeiden Sie selbst die Verwendung von zu vielen Fremdworten.

Überprüfen Sie Ihre Einstellung zum Thema. Ist Ihre Einstellung zu rigide, werden Sie vieles von dem, was Ihr Gesprächspartner sagt, nicht hören. Es kommt dann gar nicht bei Ihnen an. Denken Sie daran, dass Sie viermal schneller aufnehmen können, als ein Gesprächspartner sprechen kann. Überdenken Sie deshalb, was der Sender gesagt und nicht gesagt hat und was Sie sich dazu gedacht haben.

Strukturieren Sie das, was er gesagt hat und ziehen Sie eine gedankliche Summe. Denken Sie voraus, aber vermischen Sie eigene Ideen nicht mit denen des Senders. Versetzen Sie sich dazu in die Welt des Gegenübers.

Eliminieren Sie Störeinflüsse aus der Umgebung. Vermeiden Sie, dass Ihre Gefühle die Kommunikation beeinträchtigen, denn emotionale Filter können wichtige Aussagen blockieren. Deshalb hören Sie vorurteilsfrei und offen zu. Zerstreuen Sie Ihre Konzentration nicht durch eine Nebenbeschäftigung. Selbst am Telefon kann der andere hören, wenn Sie nebenher etwas anderes machen.

Signale und Reaktionen des Empfängers wie zum Beispiel Kopfnicken zeigen dem Sender, dass er verstanden wurde. Bekunden Sie durch Fragen Interesse. Hören ist ein aktiver Prozess. Vermeiden Sie aber Unterbrechungen oder vorschnelle Ratschläge. Fragen sind immer das bessere Mittel.

Fassen Sie bei Dialogen das, was gesagt worden ist, in Frageform zusammen: „Habe ich Sie richtig verstanden... ?" Wiederholen Sie das Gesagte und fassen Sie es dann zum Abschluss wertfrei und sachlich zusammen.

2.3.3 10 Hinweise für das gute Zuhören

1. Sprechen Sie nicht selbst. Wenn ich selbst spreche, kann ich nicht zuhören.

2. Entspannen und beruhigen Sie den Gesprächspartner. Zeigen Sie ihm, dass er frei sprechen kann. Stellen Sie das Telefon ab und schließen die Tür, dadurch schaffen Sie eine „erlaubende" Umgebung, in der sich Ihr Gesprächspartner wohl fühlt.

3. Zeigen Sie Ihren Willen, zuhören zu wollen. Zeigen Sie Interesse und lesen Sie während des Gesprächs keine Post oder Emails.

4. Halten Sie Ablenkung fern. Kritzeln Sie nicht, stapeln oder blättern Sie keine Papiere um.

5. Stellen Sie sich auf den Gesprächspartner ein. Versetzen Sie sich in seine Situation, damit Sie seinen Standpunkt verstehen.

6. Bleiben Sie geduldig. Nehmen Sie sich Zeit. Unterbrechen Sie den anderen nicht.

7. Beherrschen Sie sich. Wenn Sie sich ärgern, interpretieren Sie die Worte Ihres Gegenübers falsch.

8. Bleiben Sie gelassen bei Vorwürfen und Kritik. Das bringt den anderen in Zugzwang. Streiten Sie nicht: Auch wenn Sie gewinnen, haben Sie verloren.

9. Stellen Sie Fragen. Damit ermutigen Sie Ihren Partner und zeigen Interesse.

10. Sprechen Sie nicht selbst. Dies ist der erste und letzte Hinweis, vor dem alle anderen abhängen. Man kann nicht gut zuhören, solange man spricht! Der Mensch hat zwei Ohren, jedoch nur eine Zunge – deshalb sollte man mehr hören als sprechen.

2.3.4 „Ich will Ihnen mal was sagen ..."

Seien Sie im Gespräch zurückhaltend und bescheiden statt überheblich und arrogant. Arrogantes Verhalten bemerken Ihre Gesprächspartner sofort. Es ist der „Ich habe Ahnung und du nicht – Effekt". Arroganz ist oft Verdrängung von Minderwertigkeitsgefühlen oder ganz einfach Dummheit. Belehrendes Verhalten ist Arroganz in milder Form, aber auch ebenfalls mit negativer Wirkung: „Ich will Ihnen mal was sagen...".

Belehren Sie Ihren Gesprächspartner nicht. Vielleicht sind Sie klüger als er, aber was bringt es Ihnen, wenn Sie es ihm verletzend zeigen oder sagen? Wirkungsvoller und zweckmäßiger ist dagegen eine andere Methode: Beziehen Sie Ihren Gesprächspartner ins Gespräch ein. Sagen Sie nicht: „Ich bin da ganz anderer Meinung", sondern einfach: „Sind Sie nicht auch der Meinung?" Nach einer solchen Formulierung können Sie nun – ohne Gefahr für den weiteren positiven Gesprächsverlauf – Ihren eigenen Standpunkt darlegen.

Wenn Sie auf eine Frage Ihres Gesprächspartners nicht gleich antworten können, vielleicht deshalb, weil Sie die Antwort gar nicht wissen, dann reagieren Sie nicht arrogant, sondern bleiben Sie lieber ruhig und gelassen. Brauchen Sie für die Formulierung Ihrer Antwort Bedenkzeit, fragen Sie einfach zurück: „Wie meinen Sie das?" oder „Können Sie die letzte Frage präzisieren?"

Dadurch gewinnen Sie Zeit zum Nachdenken. Es ist außerdem nicht schlimm zuzugeben, dass man eine Antwort nicht weiß „Ich kann Ihre Frage im Augenblick nicht beantworten. Ich muss erst in den Bedingungen – Schriftverkehr o.a. – nachsehen. Wann darf ich Sie deshalb noch einmal anrufen?" So etwas können Sie auch einem Kunden gegenüber sagen, dafür erhalten Sie Verständnis.

Positiv formulieren

Warum haben sich eigentlich so viele Negativformulierungen in unsere Sprache eingeschlichen? Wir sollten unseren Wortschatz durchforsten und korrigieren: Negatives durch Positives ersetzen. Die positive Gesprächsführung macht aus jedem Gespräch einen Gewinn für alle Beteiligten. Wir können alles positiv formulieren, sogar das vermeintlich negative! Haben positive Formulierungen auch auf Sie eine positive Wirkung? Die Art und Einstellung, wie wir an Dinge herangehen, ist ganz entscheidend. Und Sie setzen hier die Akzente.

Auch andere Werte spielen eine entscheidende Rolle: Freundlichkeit, Entgegenkommen, Aufgeschlossenheit und Hilfsbereitschaft, um nur einige positive Grundeigenschaften zu nennen. Mit ihnen gewinnen Sie an Beliebtheit. Menschen mit solchen Eigenschaften besitzen meist die innere Ausgeglichenheit. Sie ist notwendig, um erstens zu bestehen und zweitens von Mitmenschen positiv „empfangen" zu werden. Und es zählt die Einstellung zur Zukunft!

Alle diese Punkte sollten Sie und jeder andere mit ins Team einbringen. Sie prägen Ihr Verhalten und Ihre Wirkung nach außen.

Beachten Sie die Hinweise zum aktiven Zuhören. Obwohl sie sich nicht durch Kommunikation ausdrücken, prägt das Zuhören jedes Gespräch entscheidend. Belehren Sie Ihren Gesprächspartner nicht. Drücken Sie sich positiv aus, das prägt die Stimmung in eine produktive Richtung und verbessert die Laune aller Beteiligten.

Abbildung 2-12: Zuhören

3 Meine Kollegen

Konstruktive Teamarbeit beginnt bei Ihnen. Sie sind ein Teil des Teams. Viele Kollegen, viele Landkarten. Jeder Einzelne hat seine Landkarte im Kopf und bringt seine Betrachtungssicht der Welt über seine Landkarte mit ins Team ein. Die zeigt Wüsten, Berge, Meere und Flüsse. Was bedeutet: es gibt fruchtbare Landschaften, Oasen und unsichtbare Kraftquellen. Die Länder sind durch Grenzen gekennzeichnet, die dehnbar und flexibel oder unverrückbar wie eine Mauer sind.

Jeder Mensch bringt seine eigene Wirklichkeit ins Team mit. Diese ist durch seine persönliche Entwicklung geprägt, was den Umgang oft nicht gerade erleichtert. Die Wurzeln werden in der Kindheit eingepflanzt. Damals gesetzte Denk-, Gefühls- und Verhaltensstrukturen sind manchmal im Erwachsensein nicht mehr angemessen. Es gibt kein richtig und falsch, jeder hat auf seine Art recht. Alle haben ihre inneren Werte, Empfindungen und Denkstile.

Wenn wir einander begegnen, stellen die verschiedenen Landkarten oft ein Hindernis dar und manchmal hat man das Gefühl, gar nicht verstehen zu können, warum der Kollege auf diese und nicht auf eine andere Art entscheidet oder reagiert. Denken Sie an die unterschiedlichen Länder, die hinter den Landkarten stecken: Sprache, Gesetze, Moral und Traditionen sind in jedem Land verschieden.

Um einen Gesprächsverlauf offen zu gestalten, ist es wichtig, dass die Gesprächspartner bereit und fähig sind, offen über sich zu sprechen. In jeder Situation des Gesprächs wirkt jeder Gesprächspartner aktiv auf den Verlauf des Gesprächs ein, selbst wenn er sich passiv verhält. Es gibt Verhaltensfaktoren, die sich eher positiv und andere, die sich eher negativ auf die Kommunikation auswirken.

Umgangsstil im Team

Viele Menschen betrachten das Leben als schwierig und haben Ängste vor dem eigenen Versagen und eventuell daraus resultierender Arbeitslosigkeit. Das ist einer der Gründe, warum in Teams oftmals mit Ellenbogen und Intrigen gekämpft wird. Niemand traut dem anderen, jeder hat

nur noch seine eigenen Interessen im Auge. Manche machen sich lieb
Kind beim Chef. Mitarbeiter müssen funktionieren und die Vorgaben
erfüllen. Da bleibt wenig Zeit für die Probleme der Kollegen und Nach
sicht bei Fehlern. Es ist klar, dass hier menschliche Gefühle, Interessen
und Bedürfnisse ins Spiel kommen. Man fühlt sich leicht missverstanden
ausgegrenzt oder gar verletzt.

Alle haben ihre inneren Werte, Empfindungen und Denkstile. Es gibt kein richtig und falsch, jeder hat auf seine Art recht.

3.1 Wahrnehmungsfilter

Wie durch das Bild der Landkarten veranschaulicht, hat jeder Mensch
gene Filter, durch die er die Welt wahrnimmt. Alles was er erlebt, läu
durch diese Filter, was bedeutet, dass jeder sein Erleben auf unterschied
che Weise interpretiert, je nachdem wie sein Wahrnehmungsfilter eing
stellt ist. Deshalb können sich die Filter auch erschwerend auf die Verstä
digung auswirken.

Das können sein: Unverrückbare Normen, feste Rituale, Standards, emo
onale Vorlieben oder Regeln von Kind auf – „Erst die Arbeit, dann d
Vergnügen". Viele Menschen haben auch innere handlungsanleitende B
der, denn die helfen bei komplexen Anforderungen, verhaltenssicher
sein und situationsangemessen das Richtige zutun. Wenn Sie nicht m
Ihrem Kollegen sprechen, kann es sein, dass dieser durch seinen Filter
nen komplett anderen Weg wählt und Sie sich hinterher fragen, warum
Sie so schlecht verstanden hat – oder Sie ihn.

Man kann den Wahrnehmungsfilter auch anders beschreiben, als eine Ar
Brille. Möglicherweise hat Ihr Partner gerade aufgrund seiner Landkarte
eine andere Brille auf dem Kopf. Er hat den Kopf voll mit anderen Prob
lemen – einen emotionalen Filter. Das kann Ihre Chancen reduzieren, sich
verständlich zu machen und Ihre eigenen Ziele zu erreichen, weil Ih
Gesprächspartner nicht in der Lage ist, Ihre Argumente einzusehen. Sie
können sich das so vorstellen, dass er eine Fernsichtbrille bräuchte, abe
nur eine Lesebrille zur Verfügung hat oder umgekehrt. Er blickt dann
visuell bei Ihrer Argumentation nicht durch und versteht auditiv nu
„Bahnhof". Erst wenn er nachfragt, wovon Sie eigentlich reden, ist e

wieder auf dem Stand. Das kostet Zeit und macht ungeduldig. Damit schaffen Sie kein positives Klima, sondern eher eine ablehnende Haltung.

Selbststeuerung und Stimmungen

Sie erkennen Verhaltensfaktoren, die sich positiv und andere, die sich eher negativ auf die Kommunikation auswirken. Akzeptieren und verstehen Sie Ihre eigenen Stimmungen, Gefühle und Bedürfnisse. Lernen Sie, deren Wirkung auf andere einschätzen zu können. Hilfreich bei der Einschätzung einer Person oder Situation ist es, wenn Sie voller Selbstvertrauen in sich ruhen. Außerdem helfen eine realistische Selbsteinschätzung und selbstironischer Humor. Nehmen Sie sich selbst nicht so wichtig.

Dazu müssen Sie sich selbst steuern können. Das ist die Fähigkeit, überschäumende Impulse oder Stimmungen zu kontrollieren oder umzuleiten zu können. Des Weiteren gehört die Tendenz dazu, Urteile reifen zu lassen und erst zu denken, bevor man handelt. Ein weiteres Merkmal von Selbststeuerung ist Vertrauenswürdigkeit sowie Integrität. Seien Sie offen gegenüber Veränderungen. Akzeptieren Sie, dass Situationen oft unklar oder mehrdeutig sind. Halten Sie diese aus und lernen Sie, mit ihnen umzugehen.

Von Geistern und anderen Überraschungsgästen

Ein guter Teamgeist entsteht, wenn die Teammitglieder Begeisterungsfähigkeit für die Arbeit entwickeln können.

Wir ziehen alle an einem Strang

Abbildung 3-1: begeistertes Team

Bei der Begeisterung schwingt ja auch ein Geist mit und den müssen Sie im Kopf haben. Von alleine geht das nur selten. Das bedeutet auch, dass Sie sich selbst, ganz unabhängig von finanziellen Anreizen oder Status anfeuern können. Wichtig ist auch die Einstellung, Ziele ausdauernd und mit Hingabe zu verfolgen.

> Innere Bilder helfen bei komplexen Anforderungen, verhaltenssicher zu sein. Jeder hat emotionale Wahrnehmungsfilter, die wie eine Brille wirken. Nehmen Sie sich selbst nicht so wichtig. Seien Sie offen gegenüber Veränderungen und entwickeln Sie Begeisterungsfähigkeit für die Arbeit.

3.2   Eigenschaften des Einzelnen in einem guten Team

– Begeisterungsfähigkeit
– Ziele ausdauernd und mit Hingabe verfolgen
– Hohe Leistungsbereitschaft
– Optimismus, auch wenn es mal schief geht
– Guter Teamgeist

Die Merkmale eines solchen Teams drücken sich durch hohe Leistungs bereitschaft aus. Es herrscht Optimismus, selbst wenn es einmal nicht so klappt. Jeder identifiziert sich mit dem Unternehmen. Folgende Eigen schaften sind für den guten Teamgeist förderlich:

Empathie

Das ist die Fähigkeit, die emotionalen Befindlichkeiten anderer Menschen zu verstehen und dann angemessen darauf reagieren zu können. Ein weiteres Merkmal ist die Stärke, Fähigkeiten anderer erkennen und för dern zu können. Emphatische Menschen haben eine kulturübergreifende Sensibilität, die sie im Dienst am Kunden und Geschäftspartner beweisen. Auch die Globalisierung macht Empathie ungeheuer wichtig. „Mitfüh lende" Menschen verstehen kulturelle Unterschiede besser und haben ein feines Gespür für die andere Körpersprache. Mit emphatischen Fähigkei ten können Sie Ihre Kompetenz im Unternehmen besser darstellen. Sie erreichen so mehr Arbeitszufriedenheit. Wenn Ihre Führungskraft eben falls darüber verfügt, wird die Fluktuation abnehmen und es werden bessere Leistungen erzielt.

Soziale Kompetenz

Das ist die Fähigkeit, Kontakte zu knüpfen und tragfähige Beziehungen aufzubauen. Sie drückt sich ebenfalls in einem guten Beziehungsmanagement und guter Netzwerkpflege aus. Das Wissen ist vorhanden, wie man andere für einen neuen Weg gewinnt. Menschen mit hoher sozialer Kompetenz haben eine große Überzeugungskraft.

Toleranz

Zusammenarbeit erfordert Toleranz, damit nicht ein Klima zwischenmenschlicher Spannungen entsteht. Klimaverschlechternd wirkt sich auch aus, wenn aus der Fliege ein Elefant gemacht wird – etwa, wenn die „Fehler" des anderen an den Pranger gestellt werden.

Höflichkeit

Ein erprobtes Hilfsmittel, um den anderen akzeptieren zu lernen, ist die Höflichkeit. Sie vermag die eigene emotionale Ablehnung zu disziplinieren, regt den anderen gleichfalls zur Höflichkeit an und verhindert einen offenen Konflikt.

Teams gleichen als Arbeitsgruppen oder Abteilungen oft einem Hexenkessel voll offener oder versteckter Emotionen. Wer im Team produktiv arbeiten will, muss dafür sorgen, dass alle Beteiligten an einem Strang ziehen. Jetzt ist es wichtig, die Perspektiven aller „Mitspieler" zu verstehen und miteinander zu koordinieren.

Gut für das Team ist es, wenn die einzelnen Teammitglieder leistungsbereit und optimistisch sind. Empathie, Toleranz und Höflichkeit fördern die Zusammenarbeit.

3.3   Hinter die Kulissen schauen

Es gibt ein Modell, das sich als sehr hilfreich in der Teamzusammenarbeit bewiesen hat. Erdacht wurde es von den Autoren **Joe** Luft und **Harry** Ingam. Sie fanden in ihren Studien ein einfaches Modell der Selbst- und Fremdwahrnehmung und benannten es nach ihren Anfangsbuchstaben „Johari-Fenster". Bekannter ist es als das Fenster mit dem blinden Fleck. Das grafische Schema ist wie ein Fenster aufgebaut und zeigt, wie sich im

Verlauf eines Gruppenprozesses die interpersonalen Wahrnehmungen und Beziehungen verändern.

Wie sehen Sie sich selbst und wie werden Sie von anderen gesehen?

Arena: öffentliche Person, uns selbst und anderen bekannt	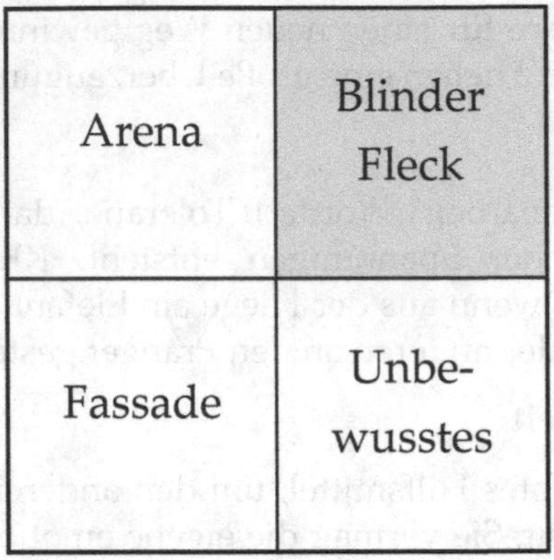 **Arena**	**Blinder Fleck**	**Blinder Fleck:** andere wissen hier mehr über uns als wir selbst.
Fassade: Bereich der priva- ten Person, wir selbst wissen hier mehr als andere.	**Fassade**	**Unbe- wusstes**	**Unbewusstes/Unge- wusstes:** ist uns und anderen nur zugänglich über tiefenpsychologische Methoden

Abbildung 3-2: Blinder Fleck

Zu Beginn einer neuen Zusammensetzung von Menschen, einem Team oder einer Gruppe, ist der Bereich der freien Aktivitäten kleiner als zu einem späteren Zeitpunkt. Keiner traut sich so recht und deshalb beobachtet man wenig freie und spontane Aktionen. Damit eine Gruppe sich findet, ist es deshalb wichtig, in der Anfangszeit viele Möglichkeiten zum Zusammenwachsen zu haben. Ziel muss es sein, den Bereich der Fassade zu verringern und den Blinden Fleck möglichst klein zu halten.

Besonders wichtig ist dieses Wissen, wenn Menschen im Team zusammen arbeiten. Vorher kannten sie sich nicht und erst über den gruppen dynamischen Prozess werden sie zu einer Gruppe. Der Prozess führt entweder zu konformen, gut zusammenarbeitenden Gruppen oder zu Gruppen, die sich durch Konkurrenzverhalten, Neid und sonstige Spannungen behindern. Hier spielt die Wahrnehmung des einzelnen durch die Gruppe eine wichtige Rolle. Nach dem Johari-Fenster können Sie im Team vier Bereiche unterschieden werden.

Bereich Arena

Das ist der Bereich des gemeinsamen Wissens und freien Handelns. Unser Verhaltens ist uns selbst und den anderen Gruppenmitgliedern bekannt ist. Das Verhalten ist frei und unbeeinträchtigt durch Ängste und Vorbehalte. Es wird nichts verborgen. Wir sind hier „öffentliche Person". Ein Teammitglied ist zum Beispiel sehr lustig und bringt die anderen ebenfalls zum Lachen.

Bereich Blinder Fleck

Das ist der Bereich unseres Handelns, den wir selbst nicht bewusst wahrnehmen, die anderen Teammitglieder dagegen um so deutlicher. Hier sind die unbedachten oder unbewussten Gewohnheiten, Vorlieben und Verhaltensweisen versammelt. Dazu gehören die Vorurteile, Sympathien und Antipathien. Selbst- und Fremdwahrnehmung unterscheiden sich. Durch Hinweise von anderen können wir den eigenen blinden Fleck verkleinern. Um Feedback kann man auch bitten.

Das geht aber nur, wenn wir es zulassen. Weil hierzu vor allem der große nonverbale Bereich wie Haltung, Gesten, Klang der Stimme, Tonfall und Mimik, also das Auftreten gehören, ist dies dem Einzelnen oft nicht bewusst. Man ist geradezu auf das Feedback der anderen angewiesen. Von allein kommt man sich da kaum auf die Schliche. Hilfreich können Videoaufnahmen sein. Ein großer blinder Fleck kann für den einzelnen vor allem für eine effiziente Gesprächsführung sehr hinderlich sein. Ein Team als gruppendynamisches Gefüge arbeitet um so besser, je kleiner die blinden Flecke der einzelnen und damit des Teams insgesamt sind.

Bereich Fassade

Einen ganz privaten Teil der Persönlichkeit halten Sie bedeckt. Nur gute Freunde und unsere Partner kennen hier einen Teil von uns oder sogar niemand. Das betrifft die Gedanken, Handlungen, Gefühle, Wünsche und Empfindlichkeiten. Diese Bereiche werden bewusst bedeckt gehalten. Man gestattet den anderen keinen Einblick; vielleicht aus Sorge, sonst abgelehnt zu werden. Je größer der Fassadenanteil in der Persönlichkeit ist, desto schwieriger gestaltet sich der Umgang mit diesem Typ Mensch. Auch die Fassade lässt sich auf das Team übertragen. Verbergen sich die einzelnen Mitglieder eines Teams zum großen Teil hinter ihren jeweiligen Fassaden, dann herrscht in dem Team eine verschlossene, ungute Atmosphäre. Dieses Team wird weniger produktiv arbeiten als ein Team, in dem es wenig Fassaden gibt zugunsten einer großen Arena. Das bedeutet immer auch, dass der Blinde Fleck klein ist.

Über Informationen kann eine Veränderung der Fassade erreicht werden. Der Prozess funktioniert zweiseitig: je mehr Informationen der Einzelne von sich weitergibt, desto weniger Fassade muss er aufrechterhalten. Je mehr der Einzelne von den anderen erfährt, desto sicherer fühlt er sich in der Gruppe und öffnet sich dann ebenfalls mehr. Je kleiner die Fassade ist, desto mehr Energie steht der Gruppe zur Verfügung.

Aufgrund meiner langjährigen Erfahrungen in Tausenden von Kommunikationsseminaren und Teamtrainings kann ich diese Empfehlung an jedes Team weitergeben: Nehmen Sie sich anfangs viel Zeit für sich. Die Zeit des Kennenlernens ist sehr gut investiert und zahlt sich später vielfach aus.

Unbewusstes oder Ungewusstes

Diesen Bereich können wir in unserem Zusammenhang vernachlässigen. Er wirkt zwar ständig auf uns ein und beeinflusst auch das Verhalten im Team stark, ist jedoch über die normale Kommunikation nicht veränderbar. Nur über eine therapeutische Behandlung kann auf diesen Bereich Einfluss genommen werden. Veränderungsschritte können hier erst über Jahre erreicht werden.

Kenntnisse über das Modell „Fenster mit dem blinden Fleck" helfen dem Team, in eine produktive Richtung zu kommen. Achten Sie auf eine große Arena. Halten Sie den blinden Fleck und die Fassade klein.

3.4   Verlassen Sie das Dramadreieck – sofort!

Der Psychologe Stephen Karpman fand bei der Analyse von Märchen
heraus, dass es drei Rollen gibt, die immer wiederkehren. Er nannte sie:
den Verfolger, das Opfer und den Retter. Wie in einem Drama besetzen
die Akteure eine von den drei Rollen. Deshalb gab er der Konstellation
den Namen „Dramadreieck". Ich habe es auf der spitzen Seite stehend
dargestellt, was seine instabile Lage ausdrückt.

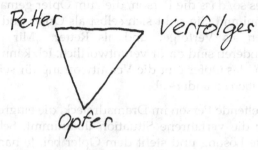

Abbildung 3-3: Dramadreieck

Nicht nur in aufgabenorientierten Prozessen kann diese Rollenaufteilung
beobachtet werden. Es ist eine Tatsache, dass die Personen während des
Prozesses immer mal wieder die Rolle wechseln. Dann wird das Opfer
zum Retter und der Verfolger zum Retter und umgekehrt. Oft ist den
Beteiligten gar nicht klar, wer für was steht, wer angefangen hat und wer
für was verantwortlich ist. Leider entschwinden den Beteiligten während
des Wechsels im Dramaprozess die Ziele aus den Augen und die Sachlichkeit bleibt auf der Strecke. Das Dramadreieck verwandelt sich in eine
Bermudafalle und zurück bleiben Verwirrte und enttäuschte Mitarbeiter,
die nicht mehr erkennen können, wo ihre eigenen aktiven Anteile liegen.
Das Resultat sind Ärger, Verwirrung, Enttäuschung, Wut, Schuldgefühle
und Schuldzuschreibungen.

3.4.1 Rollen im Dramadreieck

Der *Verfolger* stellt dem Opfer aktiv nach. Er bestraft es und will es zur Rechenschaft ziehen. Er scheint genau zu wissen, was das Opfer braucht. Er will seine Lösungsvorschläge mit Härte durchsetzen. Gerne drangsaliert er das Opfer auch mit Vorwürfen.

Das *Opfer* ist die Person, der vorgeworfen wird, etwas falsch gemacht zu haben. Dem Opfer wird die Verantwortung zugeschoben, es muss etwas erdulden. Nun ist es so, dass die Person, die zum Opfer gemacht wurde, diese Rolle auch annimmt. Sie sieht sich selbst als Opfer und empfindet die beiden anderen als Verfolger und als Retter. „Mir geht es so schlecht" und die anderen sind dafür verantwortlich. Ich kann nichts tun, bin hilflos. Kurzum, das Opfer gibt die Verantwortung für sein Handeln oder sein passiv bleiben an andere ab.

Der *Retter* ist die helfende Person im Dramadreieck, die eingreift und die Verantwortung für die verfahrene Situation übernimmt. Scheinbar er kennt der Retter die Lösung und steht dem Opfer bei. Je nachdem, wie überzeugend der Retter auftritt, beeinflusst er die beiden anderen Rollen und beherrscht die Situation für eine gewisse Zeit.

Wichtig ist es, immer schnell aus dem Dramadreieck auszusteigen. Sobald Sie merken, dass Sie eine der Rollen innehaben, bemühen Sie sich, etwas anderes zu machen. Es gibt verschiedene Möglichkeiten des Ausstiegs. Eine der schönsten ist es, über eine humorvolle Bemerkung die Situation zu entspannen und dadurch wieder in ein anderes Fahrwasser zu gelangen.

Einschlägiges Beispiel:

Frau Senf und Herr Essig reden aneinander vorbei. Essig versteht nicht, was Senf von ihm will. Da springt Herr Öl ein: „Was Frau Senf sagen will ist...". Da sagt Essig verärgert zu Öl: „Was wollen Sie denn, mischen Sie sich nicht ein, ich kann für mich allein reden." Herr Öl, ganz resigniert „Ich wollte ja nur helfen."

Zur Erklärung: Öl startet als Retter ohne darum gebeten zu werden. Essig weist ihn aus der Verfolgerposition in seine Schranken. Öl wechselt in die Opferrolle, fühlt sich unverstanden. Von hier könnte er auch ganz schnell in eine Verfolgerrolle wechseln und seinerseits Herrn Essig verfolgen.

Frau Senf wiederum kann sich ebenfalls einmischen und eine der Positionen einnehmen.

Und schon haben wir den Salat. Um ihn gut zu verdauen und seine ungenießbaren Anteile auszusortieren, gibt es verschiedene Möglichkeiten, die ich Ihnen kurz skizzieren möchte.

Bleiben Sie achtsam und diagnostizieren Sie schnell, ob Sie sich in einer der Rollen des Dramadreiecks befinden. Suchen Sie einen raschen Ausstieg.

3.4.2 Ausstieg über Schlagfertigkeit

Vielleicht ist es Ihnen auch schon so gegangen: Plötzlich ist es da, das Gefühl, man sollte anders reagieren. Die gute Antwort fällt einem zu spät ein. Wie schon Mark Twain sagte:

„Schlagfertigkeit ist etwas, worauf man erst 24 Stunden später kommt".

Aber oft fällt einem einfach nichts ein, mit dem man zeigen könnte, dass man sich nicht alles bieten lässt. Schlagfertigkeit ist situationsabhängig. Ohne die entsprechende Situation kann man nicht schlagfertig sein.

Wer viel diskutieren, verhandeln und überzeugen muss, weiß wie hilfreich eine rasche treffende Antwort sein kann. Schlagfertigkeit lebt vom Überraschungsmoment. Gleichzeitig hängt sie von der Situation ab. Das Ziel der Schlagfertigkeit ist, die eigene Souveränität zu behalten oder wiederherzustellen. Auf jeden Fall möchten Sie schnell aus der Opferrolle herauskommen. Kennzeichen ist das Gefühl der Bedrohung, Sie glauben, Ihre Souveränität sei in Gefahr.

Ein weiterer Anlass kann das Gefühl sein, dass Sie sich nicht respektvoll behandelt, sondern missachtet fühlen. Sie empfinden, dass Ihre Wünsche ignoriert werden oder meinen, dass man Ihnen Regeln aufzwingt, mit denen Sie nicht einverstanden sind.

Wenn Sie schlagfertig reagieren, bekommen Sie wieder Oberwasser. Der Nutzen der Schlagfertigkeit liegt darin, die eigene Selbstachtung zu wahren und souverän zu handeln. Es geht nicht darum, lustig oder originell zu reagieren. Natürlich kann man auch in ganz normalen Situationen schlagfertig antworten. Achten Sie jedoch immer darauf, niemanden durch Ihre Schlagfertigkeit zu verletzen. Das würde das Gegenteil von konstruktiver Teamarbeit bewirken.

Schnelligkeit siegt

Wenn ihre Antwort zu spät kommt, ist sie nichts mehr wert. Deshalb is es manchmal besser, zwar mittelmäßig, aber schnell zu reagieren, anstat in einem nachdenklichen Schweigen.

Voraussetzungen für schnelles Reagieren

- Vergessen Sie Ihren Wunsch, perfekt zu sein.
- Bereiten Sie ein genügend großes Repertoire von Repliken (vorbereite te schlagfertige Antworten) vor, das ist nützlich.
- Gewinnen Sie Zeit, um sich nicht unter Druck setzen zu lassen.
- Achten Sie darauf, dass eine Situation durch Ihre Replik nicht eskalier also schlimmer wird als zuvor.
- Unterstellen Sie nicht immer gleich einen Angriff.
- Legen Sie nicht jedes Wort auf die Goldwaage.
- Seien Sie besonders vorsichtig, wenn Sie sich über sich selbst geärger haben.
- Wenn Sie unsicher sind, fragen Sie nach.
- Geben sie dem anderen die Chance, das Gleichgewicht zu wahren.
- Sätze über 13 Worte werden nicht mehr verstanden, meint TV Moderator Max Schautzer, also fassen Sie sich kurz.

Ein Angriff lässt sich auch leicht in ein Lächeln oder Lachen auflöser Auch hier macht es Humor leichter. Er wirkt entwaffnend und bewahr unsere Souveränität. Doch passen Sie auf, auch ein Witz kann sehr ver letzend sein.

Wenn Sie sich gerade im Dramadreieck befinden und schlagfertig reagie ren, kann sich der Konflikt verschärfen, weil Sie sich unversehens in di Verfolgerrolle begeben. Eigentlich suchen wir ja einen Ausstieg aus den Dramadreieck. In diesem Fall ist es manchmal besser zu schweigen. Ir einer anderen Situation können wir über Schlagfertigkeit der Situatior die Brisanz nehmen, dann wirkt sie entspannend. Deshalb sollte Schlag fertigkeit wohldosiert sein, um nicht zur Unverschämtheit zu entarten.

Greifen Sie nicht zur Holzhammermethode, auf die Verpackung komm es an. Halten Sie es mit Joachim Ringelnatz; der meint:

„Humor ist der Knopf, der verhindert, dass uns der Kragen platzt".

Was gibt es Schöneres, als einen Angriff mit einem Lachen oder zumindest einem Lächeln aufzulösen? Mit Humor entwaffnen wir den Gegenüber und lassen seinen Angriff ins Leere laufen. Insofern ist Humor immer das Mittel meiner Wahl, um aus dem Dramadreieck auszusteigen. Sie müssen für sich entscheiden, welche Methode für Sie den besten Ausstieg aus dem Dramadreieck darstellt.

Erlernen und üben Sie Schlagfertigkeit in Maßen und bevorzugen eine humorvolle Replik, die eine Auseinandersetzung in ein Lächeln auflösen kann.

3.4.3 Ausstieg über aufgabenorientiertes Fragen

Eine weitere wirksame Methode, aus dem Dramadreieck auszusteigen, zeigen die folgenden Fragen. Überlegen Sie sich, wie Ihre Einstellung im aktuellen Projekt ist und ob Sie sich entsprechend verhalten.

– Ist die Aufgabe klar definiert?
– Sind mir meine Anteile an der Aufgabe klar?
– Habe ich alle nötigen Mittel zur Lösung meiner Aufgabe?
– Wie fühle ich mich den anderen Teammitgliedern gegenüber: auf gleicher Augenhöhe, unterbewertet, besser als die anderen?
– Womit hat das zu tun?
– Wie viel Verantwortung übernehme ich für welche Aufgaben?
– Konzentriere ich mich auf meine Aufgaben und fordere ich die andern auf, dies ebenfalls zu tun?
– Habe ich überprüft, ob ich ausreichend kompetent für die Aufgabenerfüllung bin?
– Kenne ich im Zusammenhang mit meiner Aufgabe meine eigenen Interessen und Bedürfnisse?
– Sind mir die Unterschiede klar, was zur Aufgabe und was zur Beziehung gehört? Wenn die Anteile der Aufgabe vernebelt sind und nicht mehr klar erkennbar, muss ich die Beziehungsebene klären, weil ich mich erst dann wieder der Aufgabe widmen kann.

Üben Sie aufgabenorientierte Fragen ein und gehen Sie gedanklich kurz durch, wenn Sie Gefahr laufen, ins Dramadreieck überzuwechseln. In der Übergangszeit, bis sie Ihnen geläufig sind, halten Sie diese auf Papier oder digital bereit, um sie schnell nachlesen zu können.

4 Vom Einzelkämpfer zum Teammitglied

Das Betriebsklima hat nichts damit zu tun, ob Sie Ihr Büro regelmäßig lüften oder ob Ihr Laserdrucker einen zu hohen Ozonausstoß hat. Vielmehr ist es das freundliche und angenehme Miteinander im Büro, damit die Arbeit noch mehr Spaß macht. Ein gutes Betriebsklima wirkt sich auf das körperliche und das geistige Befinden aus. Ferner verbessert es Ihre und die Arbeitsleistung Ihrer Kollegen. Je angenehmer das Betriebsklima, desto motivierter und folglich leistungsfähiger sind Sie und die Kollegen. Einzelkämpfer dagegen haben in einem Team wenig verloren und werden nicht mit wirklicher Freude im Team arbeiten.

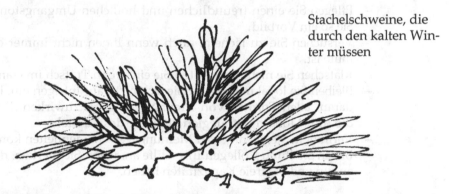

Stachelschweine, die durch den kalten Winter müssen

Abbildung 4-1: Stachelschweine

Sehr schön finde ich in diesem Zusammenhang die Philosophie der Stachelschweine. Von dem Philosophen Arthur Schopenhauer stammt das vielzitierte Beispiel von den Stachelschweinen, die durch einen kalten Winter müssen. Sie rücken ganz dicht zusammen, um sich zu wärmen, aber die spitzen Stacheln pieksen, also rücken sie wieder voneinander ab. Doch dann frieren sie wieder. Sie müssen ihre Nähe und Distanz immer wieder neu regulieren, um einerseits nicht zu erfrieren, aber sich andererseits nicht an den Stacheln ihrer Stachelschweinkollegen – Quelle der Wärme, des Trostes und des Schmerzes – zu verletzen.

Wir brauchen die Nähe zu anderen, weil sie uns ein Gefühl von Gemein
schaft gibt und in dem Glauben bestärkt, nicht allein auf der Welt zu sein
Aber wir brauchen auch die Distanz zu anderen, um unsere Unabhän
gigkeit bewahren zu können und nicht von den anderen unterdrück
oder verschlungen zu werden. In dieser Dualität spiegelt sich unser
Menschsein. Wir sind Individuen und soziale Wesen, wir brauchen Nähe
und Distanz zugleich. Falls Sie eher in die Richtung des Einzelkämpfers
tendieren, schöpfen Sie vielleicht aus diesem klassischen Beispiel eine
Handlungsanleitung.

Wenn Sie von Teamarbeit überzeugt sind, gibt es viele Möglichkeiten
wie Sie aktiv und praktisch das Betriebsklima verbessern können:

- Behandeln Sie jeden Kollegen freundlich. Auch wenn Ihr Chef das
  nicht tut. Sie müssen ja seine schlechten Gewohnheiten nicht über
  nehmen.
- Pflegen Sie einen freundlichen und höflichen Umgangston und seien
  Sie so ein Vorbild.
- Versuchen Sie zu lächeln, auch wenn Ihnen nicht immer danach zu
  mute ist.
- Klatschen Sie nicht – schreiten Sie ein, wenn Tratsch im Gange ist.
- Bleiben Sie loyal und lassen Sie sich nicht auf Intrigen ein. Denken Sie
  daran, allen Formen von Mobbing entgegenzuwirken. Beachten Sie
  die Anti-Mobbing-Strategien am Ende des Kapitels.
- Vermitteln Sie, wenn es zu Meinungsverschiedenheiten kommt.
- Bieten Sie Ihren Kollegen Ihre Hilfe an, wenn Sie merken, dass sie viel
  zu tun und Sie freie Kapazitäten haben.

> Verbessern Sie aktiv und praktisch das Betriebsklima.

Gutes Klima hier

Es herrscht eine wirksame Kommunikation, das heißt, neue Ideen fließen
ungehindert zu den entscheidenden Stellen im Unternehmen. Das Ver
hältnis zwischen Mitarbeitern und Vorgesetzten ist durch gegenseitige
Achtung gekennzeichnet. Menschen sind viel leichter in der Lage, schöp
ferisch zu sein, wenn sie das Bewusstsein haben, in einer Atmosphäre zu
wirken, in der sie geschätzt, geachtet und auch ermutigt werden.

Des weiteren ist Redefreiheit sehr wichtig. Die ist in einem Klima gege
ben, in dem man seine Meinung vertreten kann ohne Angst haben zu

müssen, ins offene Messer zu rennen oder kritisiert zu werden und sei es nur wegen Formulierungsfehlern. All diese Punkte sind in einem feindlichen Klima nicht gegeben. Wenn das Ganze sich in Richtung Mobbing bewegt, sollten Sie sofort Gegenstrategien anwenden. Diese verschaffen Ihnen sehr schnell wieder Handlungsspielraum. Zögern Sie deshalb nicht und wenden Sie diese an.

4.1 Und das macht auch noch Spaß

Motivation kann definiert werden als engagiertes Handeln auf ein Ziel hin. Diesem Handeln liegen Motive, Wünsche, Erwartungen zugrunde, die das Handeln fördern. Sie leben also in der Erwartung, Ihre Bedürfnisse befriedigen zu können. Wird diese Erwartung nicht erfüllt, sinkt der Grad der Selbstmotivation. Die wiederum steigt, wenn Sie ein Ziel vor Augen haben und Ihnen die Wege zur Zielerreichung verständlich und erstrebenswert erscheinen. Dazu müssen Sie Ihre eigenen Erwartungen und Bedürfnisse kennen, um all Ihre Fähigkeiten und Ihre Kraft für Ihre Firma nutzbar machen zu können.

Eine Steigerung der Motivation ist nur selten durch Druck zu erreichen. Druck löst Stress aus. Der Körper kommt in ein Ungleichgewicht. Arbeitsunlust, aggressives und launisches Verhalten können die Folge sein.

Jeder Mensch zeigt einen bestimmten Grad der Motivation. Ein Motivationsproblem liegt dann vor, wenn er zu wenig motiviert, also untermotiviert ist oder wenn er zuviel, also übermotiviert ist. Je besser das Betriebsklima empfunden wird, desto leichter fällt es, sich zu motivieren.

4.1.1 Was man braucht

Die Maslowsche Bedürfnispyramide geht auf den US-Amerikanischen Psychologen Abraham Maslow zurück, der ein Modell entwickelt hat das die Motivation von Menschen beschreibt.

Abbildung 4-2: Bedürfnispyramide

Die Bedürfnispyramide gehört zu den kognitiven Motivationstheorien Hier werden die Motive als Antriebskräfte des menschlichen Verhaltens gesehen. Die menschlichen Bedürfnisse bilden die Stufen der Pyramide und bauen aufeinander auf. Danach ist jeweils ein Bedürfnis verhaltens bestimmend bis es befriedigt ist. Nach dem kommt das nächsthöhere Bedürfnis dran und wird verhaltensbestimmend.

Die Bedürfnisse unterteilt man in Defizitärbedürfnisse und das Bedürfni nach Wachstum. Die ersten vier Stufen verkörpern die Defizitärbedürf nisse. Darin sind existenzielle Bedürfnisse wie auf der ersten Stufe die physiologischen Bedürfnisse nach Nahrung, Schlaf oder Wärme enthal ten. Auf der zweiten Stufe folgen die Sicherheits- und Schutzbedürfnisse vor physischen, psychischen und ökonomischen Gefahren wie zum Bei spiel ein sicheres Auto durch Airbags. Auf der dritten Stufe erscheiner die sozialen Bedürfnisse mit dem Wunsch nach Anerkennung in Bezie hungen oder Sympathieaustausch. Die vierte Stufe steht für das Bedürf nis nach Selbstachtung und Akzeptanz durch andere, Ansehen, Achtung oder Status. Die letzte Stufe repräsentiert das Bedürfnis nach Selbstver wirklichung durch Selbstentfaltung, Realisierung von Fähigkeiten, kreative Bestätigung, Entscheidungsfreiheit oder Autonomie.

Die Bedürfnisse der ersten Ebene sind die primär wichtigsten. Erst wenn sie befriedigt sind, ist es überhaupt möglich, einen Menschen für die Bedürfnisse der zweiten Ebene zu motivieren. In unserer Gesellschaft sind die Defizitärbedürfnisse nahezu komplett befriedigt.

Die Bedürfnisse der Stufe zwei – das könnte zum Beispiel der Wunsch nach einem unbedenklichen Arbeitsplatz oder Kündigungsschutz sein – müssen zum großen Teil erfüllt sein, ehe man sich nach den Kollegen umschaut.

Ist auf der dritten Stufe – und da sind wir wieder beim Team angelangt – ein Gruppenzugehörigkeitsgefühl entstanden, fühlt man sich akzeptiert und arbeitet mit den Kollegen gern im Team. Erst dann treten die Bedürfnisse nach Geltung und Status der vierten Stufe auf den Plan.

Die Wertschätzungsmotive der Stufe vier, das Empfinden der eigenen Kompetenz, die Anerkennung, die man erhält, machen den Weg frei für die Entfaltung der schöpferischen Kräfte der fünften Ebene.

Teamarbeit funktioniert um so besser, je höher aus Sicht der Bedürfnispyramide die Bedürfnisse des Einzelnen erfüllt sind. Schon auf der dritten Ebene steht das Bedürfnis nach Anerkennung, was beweist, welch hohen Stellenwert sie darstellt. Erst wenn das Bedürfnis des Einzelnen nach Anerkennung erfüllt ist, kann er produktiv fürs Team tätig sein. Erst dann kann er sich entfalten und seine kompletten Fähigkeiten dem Team zur Verfügung zu stellen.

Ich möchte Ihnen noch ein paar Tipps zur Eigenmotivation geben, die auch hilfreich sind, wenn es darum geht, die persönliche Arbeitsmethodik zu verbessern.

– Beginnen Sie nie etwas mit einem Unlustgefühl.
– Haben Sie keine Angst vor dem Anfang.
– Setzen Sie sich kleine und realistische Ziele.
– Formulieren Sie Ihre Wünsche positiv.
– Vergegenwärtigen Sie sich den Nutzen der Arbeit.
– Belohnen Sie sich nach dem Erreichen der Ziele.
– Verzichten Sie auf negative Behauptungen wie zum Beispiel: Das schaffe ich nie. Das interessiert mich nicht.

Beachten Sie die verschiedenen Ebenen der Bedürfnispyramide. Hier sind die Antriebskräfte menschlichen Verhaltens beschrieben. Die Kenntnis verbessert Ihr Verständnis für die Motivation des Teamkollegen und für die eigene.

4.1.2 Transparenz durch Feedback

Im Laufe der beruflichen Tätigkeit sammelt man üblicherweise nach und nach Informationen darüber, wie das eigene Verhalten auf andere wirkt Manchmal ist der Blick allerdings etwas verschleiert und andere wissen hier mehr über uns als wir selbst, wie Sie schon beim Modell „Johari Fenster" erfahren haben.

Es ist gut, wenn jeder Mitarbeiter sich das wertvolle Feedback bewusst macht ohne über den eigenen blinden Fleck oder seine übergroße Fassade zu stolpern. Nur dann kann er abschätzen, welche Anteile des eigenen Verhaltens förderlich oder weniger förderlich für ein optimales Ergebnis sind.

Positive Auswirkung haben zum Beispiel:

– Schaffen einer entspannten Gruppenatmosphäre.
– Ermunterung der Kollegen und aktive Mitarbeit bei der Darstellung von Problemen und Erläuterung eigener Lösungsvorstellungen.
– Abgeben von klaren prägnanten Problemdefinitionen.
– Auf den sachlichen Kern aller Aufregungen eingehen; eine emotions geladene Reaktion ihrerseits führt nur zu einer Eskalation „Keine weiß so viel wie alle" – eine alte und immer wieder neu zutreffende Erkenntnis, die leider häufig verdrängt wird. Bei der Lösung bestimmter Probleme ist die schlechteste Gruppe meist noch immer besser als der beste Einzelgänger.

Chancen des Gruppengesprächs

Ein Team ist vor allem immer dann stärker als der Einzelne, wenn es um Aufgaben des „Suchens und Sammelns" geht. Das gilt sowohl für das Sammeln von Kirschen wie auch für die Lösungssuche.

Eine der grundlegenden Voraussetzungen für den Erfolg eines Unternehmens ist die Zusammenarbeit. Diese funktioniert nur, wenn verhindert werden kann, dass „Abteilungsdenken" und „Abteilungsverantwortung" sich vor die Gesamtziele des Unternehmens schieben.

Die große Chance des Gruppengesprächs und der Teamarbeit besteht in der Möglichkeit, die Probleme von denen erörtern und bearbeiten zu lassen, die direkt davon betroffen sind. Mehr Beteiligte können auch mehr Ideen zur Ursachen- und Lösungsfindung beitragen. Schließlich hat jeder Mitarbeiter sein spezielles Wissen und Know-how, das allen nützen kann. Im Team erfährt der Einzelne mehr über sich, seine Arbeit und auch die Arbeit der anderen. Je mehr Personen eine Entscheidung tragen, desto mehr tragen sie dann auch die daraus entstehende Lösung und sind bei der Umsetzung engagiert.

Es wäre falsch, die Schuld bei den Mitarbeitern zu suchen, wenn unzureichend zusammengearbeitet wird. Die Organisation eines Unternehmens muss in der Lage sein, ein Betriebsklima zu schaffen, in dem Zusammenarbeit existiert und gute Teamarbeit gedeihen kann. Und ein gutes Betriebsklima gilt als eine der wichtigen Voraussetzungen, um kreativ werden zu können.

> Jeder einzelne Mitarbeiter, aber auch die Organisation an sich trägt zu guter Zusammenarbeit bei.

4.1.3 Ratsame Haltung im Team

Eine empfehlenswerte Haltung im Team ist die eines Moderators. Der Moderator ist ein methodischer Helfer, ein Katalysator, eine „Hebamme" für ein Problem. Durch seine Haltung trägt er zur Lösung bei. Versuchen Sie nicht, der Oberchecker zu sein, der weiß, wo es lang geht. Sie sind kein Lehrer, der es besser weiß und kein Experte, der das Eigentliche weiß. Dagegen lässt sich Ihre Haltung – wie folgt – beschreiben:

- Stellen Sie Ihre eigene Meinung, Ziele und Werte zurück. Bewerten Sie weder Meinungsäußerungen noch Verhaltensweisen. Es gibt kein „richtig" oder „falsch" während Besprechungen.
- Nehmen Sie eine fragende Haltung ein und keine behauptende. Durch Fragen aktiviert und öffnet sich die Gruppe füreinander und für das Thema.
- Sind Sie sich Ihrer eigenen Schwächen und Stärken bewusst und übernehmen Sie für sich die Verantwortung. Damit helfen Sie auch den Teamkollegen, selbstverantwortlich zu reagieren.
- Fassen Sie alle Äußerungen der Gruppe als Signale auf und versuchen Sie, den anderen ihr eigenes Verhalten bewusst zu machen. Dann können Störungen und Konflikte bearbeitet werden. Sprechen Sie keine moralischen Appelle aus.
- Rechtfertigen Sie sich nicht für Ihre Handlungen und Aussagen. Klären Sie die Schwierigkeiten, die möglicherweise die Ursache von Angriffen und Provokation ausmachen.

Die Haltung eines Moderators ist empfehlenswert, weil sie förderlich für die Teamarbeit ist.

4.1.4 Anti-Mobbing-Strategien

Möglicherweise wundert es Sie, wenn Sie hier etwas über Mobbing vorfinden. Ich möchte sagen, Mobbing ist genau das Gegenteil von konstruktiver Teamarbeit. Weil Mobbing ein immer größeres Problem darzustellen scheint, möchte ich Ihnen an dieser Stelle Strategien vorstellen, mit denen Sie dagegen ankämpfen können.

1. Reagieren Sie schon bei den ersten Anzeichen für Mobbing sofort. Stellen Sie den „Angreifer" zuerst unter vier Augen, und wenn das nicht hilft, vor Zeugen zur Rede.
2. Wenn ein Gespräch nichts bewirkt, wehren Sie sich. Sagen Sie zum Beispiel: „Wie ich mich kleide, geht Sie gar nichts an", falls er sich über Ihre Kleidung lustig macht. So merkt er, dass er mit Ihnen kein leichtes Spiel hat.
3. Fragen Sie einen Mobber, was er genau mit einer Bemerkung meint und bringen ihn so in Verlegenheit.
4. Kämpfen Sie nicht allein – suchen Sie Unterstützung im Kollegenkreis. Das entkräftet den Mobber.

5. Wenn Sie es aus eigener Kraft heraus nicht schaffen, sich gegen Mobbing zu wehren, informieren Sie rechtzeitig Chef, Betriebsrat oder Personalchef.

Wenden Sie Anti-Mobbing-Strategien an, wenn Sie sich gemobbt fühlen.

Abbildung 4-3: Streit

5 Finden Sie Ihre Rolle

Was auf dem Sportplatz für die Sportmannschaft selbstverständlich ist, verhält sich auf dem Bürospielfeld anders. Aber auch hier muss man sich einspielen, sich warm machen. Die Mannschaft muss sich ebenso kennen lernen wie die Sportler. Es gilt, die Stärken und Schwächen der anderen wahrzunehmen. Diese müssen integriert werden, um dann eine gemeinsame Spieltaktik entwickeln zu können. Synergien können nur genutzt werden, wenn man sie kennt. Man muss sich auf die Fähigkeiten des anderen verlassen können. In einem eingespielten Team gibt es keine Hierarchierangelei. Ein neues Team muss dies erst ausfechten.

Anforderungen an die Teammitglieder

Das Anforderungsprofil der einzelnen Mitglieder des Teams baut auf den Soft-Skill-Kompetenzen auf. Dazu gehören die Kommunikationsfähigkeit, Diplomatie und Verhandlungsgeschick. Wichtig ist ebenfalls eine positive Grundeinstellung und die Bereitschaft, sich zu engagieren. Wenn nötig, muss man sich selbst und die anderen immer wieder aufs Neue motivieren können. Jeder muss die Fähigkeit haben, über den Tellerrand oder – um beim obigen Beispiel zu bleiben – über den Spielfeldrand hinausblicken können. Überzeugungskraft und Zielorientiertheit sind weitere wichtige Eigenschaften, über die Sie verfügen sollten.

Jegliches hierarchische Denken ist Gift für ein Team. Nicht förderlich sind persönliche und emotionale Attacken, stattdessen ist die Fähigkeit konstruktive Kritik auszuüben von Vorteil.

Wie geht konstruktive Kritik?

Als Basis können Sie sich die Sachlichkeit und den Gemeinsinn merken: lassen Sie Emotionales außen vor, das hemmt nur die Offenheit. Vor allem als neuer Mitarbeiter erschwert Ihnen dies den Zugang zum Team. Ein Team mit mittelguten Teammitgliedern, das optimal zusammenhält, eine gemeinsame Perspektive entwickeln kann, arbeitet produktiver als ein Team mit lauter guten Einzelkämpfern.

Soft-Skill-Kompetenzen wie Kommunikationsfähigkeit, Diplomatie und Verhandlungsgeschick, eine positive Grundeinstellung und die Bereitschaft, sich zu engagieren bringen Teams voran.

5.1 Charaktere im Team

Ein Team setzt sich aus unterschiedlichen Menschen zusammen, die verschiedene Rollen spielen und sich, durch die Art, wie sie miteinander umgehen, gegenseitig beeinflussen. Als hilfreich erweist sich, möglichst viele Kriterien kennen zu lernen, wie sich Menschen unterscheiden. Bei all den vielen Klassifizierungen und Beschreibungen von Menschentypen möchte ich Ihnen drei Unterscheidungen vorstellen, die ich sehr prägnant finde. Ich habe die Typen aus meiner Auseinandersetzung mit verschiedenen Modellen herauskristallisiert.

Durch die bessere Kenntnis des anderen wächst das Verständnis im Team und es kommt zu weniger Reibungsflächen. Daher möchte ich Sie mit folgenden sehr gegensätzlichen Menschentypen vertraut machen. Aus diesen lassen sich andere Charaktere mischen. Es gibt natürlich viele Mischungen, die ich jedoch an dieser Stelle unberücksichtigt lasse.

Über die Leistungsfähigkeit und die Produktivität der verschiedenen Typen mache ich keine Aussagen, weil sie bei allen Typen gleich gut vorhanden sind. Es ist mir wichtig zu betonen, dass meine Aussagen keinerlei Wertung darstellen. Jeder Typ ist wertvoll.

Ich beschreibe das Kommunikationsverhalten, die Erkennungsmerkmale der Typen und das Verhalten in Stresssituationen. Des Weiteren gebe ich Hinweise, wie Sie Ihre Kommunikation mit dem jeweiligen Typ verbessern können und welchen Nutzen das Team von den Typen hat.

5.1.1 Geselliger Typ

Kommunikation: Im Team zeigt er sich gesprächsbereit. Er ist gern gemütlich mit den anderen zusammen. Wenn man ihn kennen lernt, ergreift er die Initiative und sucht die gesellige Nähe. Er erzählt gerne Geschichten.

Erkennungsmerkmale: Der Gesellige hat eine sprechende Mimik, der man Stimmungsschwankungen ansieht. Im Gespräch ist er unbefangen, redet drauflos und schweift auch mal vom Thema ab.

Stressverhalten: Unter Stress sucht er das Gespräch und kann dadurch seinen Stress abbauen.

Hinweise zur Kommunikation: Dem Geselligen ist Nähe wichtig. Spenden Sie ihm deshalb immer mal wieder einen Teil Ihrer Zeit. Dabei besteht manchmal die Gefahr, Zeit zu verlieren, da der Gesellige sehr viel zu erzählen weiß. Da ist es wichtig, den richtigen Moment zur Verabschiedung abzupassen, weil er immer noch eine Geschichte kennt, die er gern ausführlich zum Besten gibt oder weil er Sie zu Ihrem Gesundheitszustand eingehend befragt.

Nutzen fürs Team: Da dem geselligen Typ die gute Atmosphäre im Team wichtig ist und er sich verantwortlich dafür fühlt, kümmert er sich darum. Er erspürt negative Schwingungen sehr schnell und sorgt mit seiner großen emotionalen Intelligenz dafür, wieder bald in ein produktives Fahrwasser zu kommen. Er hat zu fast allen Teammitgliedern ein nahes Verhältnis. Man kann sagen, er ist so etwas wie der Kitt, der das Team zusammenhält. Seine Empfindsamkeit und sein Verständnis für das einzelne Teammitglied sind sehr wichtig für das Team.

5.1.2 Entschlossener Typ

Kommunikation: Im Team ist er sehr aktiv und verhält sich impulsiv. Wenn man ihn kennen lernt, ist das für ihn eine Herausforderung, bei der er schnell zur Sache kommen will. Weil er mit seiner Dynamik auffällt, ist er nicht zu übersehen oder zu überhören. Er mag praktische Beispiele.

Erkennungsmerkmale: Der entschlossene Typ hat eine kontrollierte Mimik und eine lebhafte Gestik. Über seinen Tonfall lässt er seine Stimmung erkennen. Im Gespräch ist er emotional engagiert, manchmal undiplomatisch und vor-schnell. Er möchte sich gern durchsetzen.

Stressverhalten: Unter Stress verliert er leicht die Kontrolle. Körperliche Reaktionen wie Schreien, auf den Tisch hauen und andere erleichtern ihn.

Hinweise zur Kommunikation: Er schätzt es, wenn man im Gespräch mit ihm schnell auf den Punkt kommt, weil er sich selbst sehr schnell entscheiden kann. Auseinandersetzungen scheut er nicht, sondern sucht sie sogar. Einen Konflikt mit einem Entschlossenen sollte man aus zwei Gründen jedoch nicht aus dem Weg gehen: Zum einen steigen Sie in der Achtung des Entschlossenen, wenn Sie sich mit ihm messen und zum anderen bringt der Schlagabtausch das Team in der Sache weiter.

Nutzen fürs Team: Da er selbst Zusammenhänge rasch erfasst und kombinieren kann, ist er sehr innovativ. Durch seine ungeduldige und dominante Art, stößt er viele zurück und ist auch manchmal unbeliebt. Die Konflikte mit ihm sind immer wertvoll für das Team. Mit seiner Energie und Überzeugungskraft treibt er Prozesse voran.

5.1.3 Analytischer Typ

Kommunikation: Im Team ist er zurückhaltend, nachdenklich und wird leicht übersehen. Im Gespräch ist er überlegt und spricht gut vorbereitet und fundiert zum Thema.

Erkennungsmerkmale: Wenn man ihn kennen lernt, hält er sich zurück und wird nicht vertraulich. Im Kontakt ist er eher Zuhörer. Der analytische Typ argumentiert sachlich und nüchtern. Weder über die Mimik noch über die Gestik kann man in ihn hineinschauen.

Stressverhalten: Unter Stress lässt er sich kaum etwas anmerken. Er wird eventuell blass, noch stiller und zieht sich in sein Büro zurück.

Hinweise zur Kommunikation: Für das Gespräch mit einem Analytiker sollten Sie sich gut vorbereiten. Er wird bestimmt super präpariert sein und alle Fakten studiert haben. Denn er mag keine sinnlosen Gespräche und will seine Zeit nicht verschwenden.

Nutzen fürs Team: Die manchmal wortklauberischen Darstellungen des Analytikers sind wichtig für die Planung und Entwicklung von Projekten weil keiner so genau analysiert und alle Eventualitäten abcheckt wie er. Weil er so genau ist, wirkt er manchmal als Bremser. Darauf sollte man sich einlassen. Mit einem Analytiker im Team ist man auf der sicheren Seite und vor den meisten unangenehmen Überraschungen gewappnet, weil der Analytiker sie schon vorausgedacht hat.

Jeder Charakter hat seine Berechtigung und bringt seinen Nutzen ins Team ein.

5.2 Merkmale guter Teamarbeit

Teams sind in erster Linie dazu da, Leistungen zu erbringen. Danach werden sie beurteilt. Wenn ein Team nur den Wunsch der Teammitglieder nach sozialem Kontakt berücksichtigt, dabei aber den Leistungsaspekt vergisst, dann fällt es bei der entscheidenden Prüfung, dem Erreichen greifbarer Ergebnisse durch.

Ein Team setzt hohe Leistungsnormen, welche die Arbeitsweise prägen können. Die Normen werden durch den Gruppendruck aufrecht erhalten, aber der Einzelne zieht auch durch ihre Erfüllung persönliche Befriedigung. Deswegen ist es wichtig, Standards und Normen gemeinsam zu erarbeiten. Fast alle Entwicklungen geraten irgendwann mal in einen negativen Sog und erleiden einen Misserfolg. Dann sollte das Team in der Lage sein, die konkreten, auch emotionalen Folgen des Rückschlags verarbeiten zu können. Flexibilität und Innovationsbereitschaft sind die Möglichkeiten, um trotz Schwierigkeiten weiter erfolgreich zu bleiben. Hier spielt wieder der Faktor Anerkennung eine große Rolle: das Gefühl, wertvoll und wichtig zu sein. Auch die Einbindung in Kommunikations- und Entscheidungsprozesse stellen eine Belohnung dar.

Mitglieder eines konstruktiven Teams müssen viel Zuwendung und Zeit auf den Aufbau des Teams verwenden. Das bedeutet immer auch zu verzichten, denn jeder muss einen Teil seiner Selbstständigkeit und persönlichen Interessen aufgeben. Das zunehmende Engagement ist eine wichtige Phase im Reifeprozess eines Teams und oft mehr eine Sache des Gefühls als der Logik. Engagierte Mitglieder wissen, dass die Ziele des Teams erstrebenswert sind und sich die Arbeit lohnt. Deshalb sind sie bereit, sich selbst für das Team hintan zu stellen. Ein guter Maßstab für das Engagement ist die Freude, mit der die Teammitglieder arbeiten. In einem erfolgreichen Team wird viel gelacht, weil die Mitglieder sich gut verstehen und Spaß aneinander haben.

Engagierte Teammitglieder schätzen die Leistungen der anderen und sagen das auch offen. Diese Anerkennung durch die anderen stärkt die Persönlichkeit des Individuums und fördert seine Kreativität und Dynamik.

Ein reifes Team wird alle Hebel in Bewegung setzen, um einem Team mitglied, das Probleme hat, zu helfen. Hier zeigt sich, dass man sich auf einander verlassen kann und sich mit Rat und Tat zur Seite steht.

Gemeinsame Ziele stärken das Engagement. Sie müssen bekannt, verein bart, wichtig und erreichbar sein.

Die Teammitglieder gehen miteinander respektvoll und rücksichtsvoll um. Die Grundlage dafür bildet das Verständnis und die Toleranz für die Eigenheiten, Stärken und Schwächen des Einzelnen. Sie wissen, wie sie die Vorzüge und Leistungen eines jeden am wirksamsten für das Team nutzen können. Sie haben keine Scheu, ehrliches und konstruktives Feedback untereinander auszutauschen.

TEAM bedeutet für sie nicht: **T**rouble, **E**igenmächtigkeit, **A**ggression und **M**isstrauen, sondern

- T = **t**olerant
- E = **e**rgebnisorientiert
- A = **a**ktiv
- M = **m**otiviert

Ein erfolgreiches Team setzt hohe Leistungsnormen. Diese werden durch den Gruppendruck aufrecht erhalten. Der erreichte Erfolg macht auch den Einzelnen zufrieden. Gemeinsame Ziele stärken das Engagement. Die Teammitglieder arbeiten mit Freude zusammen. Dabei wird viel gelacht und die Mitglieder haben Spaß aneinander.

5.2.1   Fähigkeiten eines erfolgreichen Teams

- Ziele klar definieren zu können.
- Erfolgskriterien aufstellen können.
- Methoden zur Informationsanalyse werden beherrscht.
- Es werden Vorschläge zur Umsetzung in Maßnahmen gemacht.
- Die Planung kann exakt und umfassend durchgeführt werden.
- Jedes einzelne Teammitglied ist engagiert.
- Jeder hört aktiv zu.
- Leistung wird sorgfältig und gerecht beurteilt.
- Kontrolle wird ausreichend eingesetzt.

Ein eingespieltes Team hat seine Arbeitsmethoden auf den Bedarf zuge-
schnitten und damit zur Gruppenregel gemacht. Es kommt schnell auf
Reiseflughöhe und hält ein hohes Arbeitstempo.

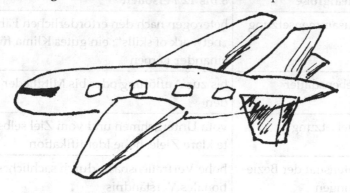

Abbildung 5-1: Flugzeug

Wie der sorgfältige Checkup des Piloten in einem Flugzeug gibt es ein
hohes Maß an persönlicher Aufmerksamkeit und Arbeitsökonomie, was
bedeutet, dass alle wichtigen Fragen berücksichtigt werden. Jedes Mitglied besitzt seine persönlichen Fähigkeiten, die von der Gruppe anerkannt und entsprechend eingesetzt werden.

Tabelle 5-1: Teamcheckliste

Idealgröße	8 bis 12 Personen
Zusammensetzung	heterogen nach den erforderlichen Fähigkeiten: „network of skills"; ein gutes Klima für ein voneinander Lernen
Lebensdauer	bis zur Auflösung oder bis Mitglieder ausscheiden
Zielsetzung	vom Unternehmen und vom Ziel selbst festgelegte klare Ziele; hohe Identifikation
Intensität der Beziehungen	hohe Vertrauensbasis durch sachliches und emotionales Verständnis
Leitung	Leitung moderiert, steuert die Teamenergien, ist Coach statt Weisungsgeber
Aufgabenverteilung	klar auf den einzelnen Mitarbeiter und das Gesamtteam bezogen
Verantwortung	personen- und teambezogen
Arbeitsverhalten	effektive Mischung von intensiven Dialogen und Diskussionen sowie Controlling-Workshops; hohes Engagement aller
Arbeitsergebnisse	alle Ergebnisse sind Teamergebnisse; hohe Identifikation aller
Erfolgskriterien	stolz auf das gemeinsame Produkt und die Art und Weise, wie es zustande kam

5.2.2   Vorteile von Teamarbeit

Teamarbeit ermöglicht einen Wissens- und Erfahrungsaustausch zwischen den Mitgliedern. Sie können fachlich und sozial voneinander lernen. Es kommt auf die Resultate und nicht auf den „guten Willen" an. Wichtig sind nicht die „Bemühungen" und das „Geschäftigsein". Teamarbeit hilft dem Einzelnen, Feedback und Anerkennung zu erhalten. Mit der Anerkennung ist eine Stärkung der Selbstachtung, des Selbstwertgefühls verbunden. Die persönliche Zufriedenheit wächst. Aufgrund des internen Leistungsdrucks kann sie die Effektivität und die Effizienz des Einzelnen erhöhen.

Das Team ist auf Feedback angewiesen

Woher sollen es die anderen wissen? Sie sind mit einer Vorgehensweise nicht einverstanden und teilen es nicht mit. Wenn Sie nicht einverstanden sind, gibt es drei Verhaltensvarianten:

- Sie können ignorieren, was beschlossen wurde.
- Sie können es zur Kenntnis nehmen ohne zu reagieren.
- Schließlich können Sie als dritte Möglichkeit reagieren.

Nicht gegebenes oder unklares Feedback ist die Ursache der meisten Konflikte. Die Person, die kein Feedback auf ihre Vorgehensweise erhalten hat, fühlt sich missachtet und möglicherweise sogar verletzt.

Wenn Sie also nicht einverstanden sind, kann ich Ihnen nur raten, zu reagieren. Geben Sie Feedback und zwar auf eine konstruktive Weise. Dann weiß der andere, woran er ist und kann darauf reagieren. Die Gruppe, in der auf diese Weise kommuniziert wird, entwickelt eine positive Gruppendynamik. Dadurch können Verhaltensveränderungen angestoßen werden.

Bedienen Sie sich einfacher Regeln, um im Team konstruktives Feedback zu geben. Feedback sollte immer mit Wertschätzung verknüpft sein. Sie drücken dadurch aus, dass Sie mit einer Person einverstanden sind und ihre Arbeit schätzen, allerdings in einem bestimmten Zusammenhang kritisch sind. Mit einer positiven Würdigung schluckt der andere Ihre Kritik besser. Dies wirkt jedoch nur, wenn Sie ehrlich sind.

Nicht gegebenes oder unklares Feedback ist die Ursache vieler Konflikte. Geben Sie Feedback, damit beachten Sie den anderen.

5.3 Feedback durch WERTSCHÄTZUNG

Nun möchte ich Ihnen eine Methode vorstellen, die ich in meinen vieler Teamtrainings entwickelt habe und die das Ziel im Namen trägt.

1. **W**agen Sie den Blick in die Augen des Gesprächspartners.

2. **E**rbitten Sie die Erlaubnis, ob Sie ein Feedback geben dürfen, denn nur wenn der andere Ihr Feedback möchte, macht es Sinn, weiter zusprechen.

3. **R**eihen Sie grundsätzlich negative Äußerungen in positive Punkt ein wie in Trennblätter mit schönen Bildern.

4. **T**ragen Sie Ihre konkrete Beobachtung vor und urteilen nicht übe den Menschen selbst.

5. **S**chätzen Sie das Positive im Handeln des anderen und biete dann einen Verbesserungsvorschlag an.

6. **C**hance für Einigkeit durch Ich-Botschaften. Über Ich-Botschaf-te gelingt es leichter, negative Äußerungen zu vermitteln, weil ma dabei auf die eigene Befindlichkeit und die eigenen Gefühle ein geht.

7. **H**ören Sie auf Ihr Inneres und sprechen Ihre Wünsche aus.

8. **Ä**ndern können Sie den anderen nicht und dies sollte auch nie Ih Anliegen sein.

9. **T**eilen Sie grundsätzlich Ihr Wissen mit den anderen.

10. **Z**eigen Sie Kompromissbereitschaft, indem Sie darauf verweiser dass Sie auch Ihre Fehler haben. Das erleichtert es dem anderer die Kröte zu schlucken.

11. **U**marmen Sie den anderen gedanklich.

12. **N**otieren Sie sich schon erreichte gemeinsame Ergebnisse.

13. **G**ehen Sie nur auf Verhaltensweisen ein, die der andere verär dern kann. Ist er dazu nicht in der Lage, erzeugen Sie durch Feed back nur Frust.

Nachfolgend finden Sie ein Beispiel für alle Schritte meiner Methode WERTSCHÄTZUNG

Zu 1.: Nehmen Sie Ihren Kollegen unter vier Augen beiseite und schauen ihn direkt an.

Zu 2.: Vergewissern Sie sich, dass er jetzt Ihr Feedback aufnehmen kann und das auch selbst möchte.

Zu 3.: Nehmen Sie sich vor und halten Sie sich strikt daran, negative Äußerungen grundsätzlich in zwei positive einzubinden.

Zu 4.: Ein Beispiel für eine konkrete Beobachtung: *„Mir ist heute aufgefallen, dass deine Stimme bei deinem Gespräch mit dem Kunden Müller sehr barsch geklungen hat"*. Ein grober Fehler wäre es, an dieser Stelle zu sagen, der Kollege sei unfähig, korrekt mit Kunden zu sprechen.

Zu 5.: Nun kommt Ihr konkreter Vorschlag, den Sie in zweifaches Lob einbinden: *„Ich finde, dass du Müller gegenüber immer sehr viel Geduld aufbringst und mit diesem schwierigen Kunden besonders gut umgehen kannst. Ich kann dir anbieten, dass du nach einer ähnlichen Situation wie heute das Gespräch an mich weiterreichen kannst, damit ich dann die technischen Aspekte abdecke, dadurch kannst du dich herausnehmen. Du bist ja der Spezialist für die Marketingstrategie."*

Zu 6.: Kommen wir zu der Chance durch Ich-Botschaften: *„Ich war ganz erschrocken, als ich wahrgenommen habe, wie deine Stimme klingt. Ich befürchte, dass dies bei Müller genauso war. Ich bin in Sorge darüber, ob durch so ein Verhalten deine gute Beziehung zu Müller in Gefahr steht. Vielleicht bin ich da auch überbesorgt und du hast weiterhin einen guten Bezug zu Müller. Du hast ja schon oft bewiesen, dass du ein Händchen für ihn hast."*

Zu 7.: Nun kommen Sie auf Ihre Wünsche zu sprechen: *„Ich denke, wenn du mein Angebot annimmst, dann ist es für dich auch leichter und du steigerst dich nicht in eine Negativhaltung Müller gegenüber hinein. Mir geht es so, dass mich ein rüder Ton bei meiner eigenen Arbeit erschreckt und da wir nun mal in einem Büro arbeiten, denke ich, können wir uns ja gegenseitig unterstützen."*

Zu 8.: Halten Sie sich daran: Wir können andere Menschen niemals verändern! Was wir aber tun können, ist unsere eigene Einstellung zu ihnen zu verändern. Das macht dann vieles leichter.

Zu 9.: Teilen Sie Ihre Informationen mit den anderen Teammitgliedern. Wissen zurückzuhalten, ist unkooperativ und das Gegenteil von konstruktivem Verhalten.

Zu 10.: Zeigen Sie Ihrem Gesprächspartner, dass Sie ihn zwar im Moment kritisieren, aber selbst auch Ihre Schwächen haben.

Zu 11.: Die gedankliche Umarmung, bei der Sie sich vor Augen halten, welche guten Eigenschaften der Kollege sonst hat, erleichtert es Ihnen, in Ihrem Feedback großzügig zu sein.

Zu 12.: Notieren Sie sich gemeinsame Ergebnisse, das signalisiert, wie ernst es Ihnen mit Ihrem Feedback ist.

Zu 13.: Gehen Sie konsequent nur auf Verhaltensweisen ein, die Ihr Kollege wirklich verändern kann. Wenn er beispielsweise immer recht unfreundlich und barsch mit Kunden spricht, dann nützt Ihr Feedback gar nichts, weil er seine charakteristische Art nicht verändern kann.

Wenn Sie mit der Methode „WERTSCHÄTZUNG" Feedback geben, besteht eine große Chance, dass Ihre Einwendungen vom anderen gut aufgenommen werden. Oft genug hat Ihr Gegenüber selbst sein Verhalten noch gar nicht wahrgenommen und wird durch richtig gegebenes Feedback erst in die Lage versetzt, darüber nachzudenken.

Regeln, wie Sie selbst Feedback konstruktiv annehmen

- Prüfen Sie, ob Sie gerade in der Lage sind, sich mit Feedback auseinander zu setzen. Scheuen Sie sich nicht, darum zu bitten, das Feedback lieber zu einem anderen Zeitpunkt annehmen zu wollen.
- Hören Sie ruhig zu. Feedback richtig anzunehmen heißt, dass Sie nur Verständnisfragen stellen. Sie müssen erst mal nicht reagieren, denn Feedback ist keine Anklage.
- Lassen Sie den anderen ruhig ausreden, fangen Sie nicht an, Ihr Verhalten zu erklären.
- Denken Sie über das Feedback nach. Es kann sich als hilfreich erweisen, dem Feedbackgeber erst zu einem späteren Zeitpunkt mitzuteilen, wie das Feedback auf Sie gewirkt hat.
- Bedanken Sie sich für das Feedback.
- Entscheiden Sie selbst, was Sie damit machen, ob und wie Sie das Feedback berücksichtigen möchten.

Über Feedback erfahren Sie, wie Sie auf andere wirken. Sie lernen sich auf andere Art kennen und werden in die Lage versetzt, zu reflektieren und gegebenenfalls Ihr Verhalten zu verändern. Feedback ist ein wichtiges Instrument in der Teamarbeit und gibt Ihnen die Möglichkeit, Ihre Rolle im Team besser zu erfahren. Nur darüber können Sie Ihren Blinden Fleck verkleinern.

5.4 Konstruktive Kommunikation

Da Sie als Person Ihr wichtigstes Handwerkszeug sind, ist es wichtig, um besser argumentieren zu können, Ihre Wirkung als Person in gewissen Aspekten zu verstärken. Interne Kommunikation, also innerhalb der Firma, betrifft alle Kommunikationsabläufe. Damit werden die Unternehmensziele erreicht und verbessert. Wer besser kommuniziert und Wissen austauscht, wird auch erfolgreicher sein. Das betrifft nicht nur das geschäftliche Wissen, sondern auch die Mitarbeiterzufriedenheit und das Arbeitsklima. Kommunikationsprozesse sollten in ganz unterschiedliche Richtungen laufen, um den unterschiedlichen Interessen gerecht zu werden.

Kommunikation nach unten

Der Absender gibt seine Informationen an nachfolgende, auf der Hierarchie und dem Wissensstand weiter unten stehende Stufen weiter. Vom Management zum Mitarbeiter oder von Mitarbeiter zu Mitarbeiter. Hier steht der Wunsch zu beeinflussen im Vordergrund.

Kommunikation nach oben

Hier kommunizieren untere mit höheren Stufen. Seitwärts gerichtete Kommunikation verläuft zwischen Gleichgestellten.

Optimal ist es, wenn sich die Mitarbeiter in einem Betrieb wohlfühlen und sich mit ihm identifizieren können. „Wir sind eine große Familie" ist zum Beispiel das hohe Ziel in asiatischen Unternehmenskulturen – was dort mit ganz anderen Mitteln als in westlichen Unternehmen erreicht wird. Der Grund dafür ist klar, nur wer sich mit etwas identifizieren kann, ist auch bereit, die volle Energie dafür aufzubringen.

Interne Kommunikation steht immer auf der Kippe zwischen direkter Information, klaren Nachrichten an die Mitarbeiter und positiven Dar-

stellungsweisen, die dem Marketing dienen. Kommunikation beeinflusst
auf jeder Ebene.

Kommunikationstechniken

Als hilfreich erweist sich das KISS-Prinzip: Keep It Short and Simple.
Gestalte es kurz und einfach. Ursprünglich stammt das KISS Akronym
aus der Informatik. Im Gegensatz zu einer Problemlösung in der Form
eines Workarounds beschreibt es die möglichst einfache und leicht ver-
ständliche Lösung eines Problems, die meist als optimal angesehen wird.
Ob Gespräche mit den Kollegen, mit Vorgesetzen und mit Kunden – gute
Kommunikation ist Voraussetzung für konstruktive Teamarbeit. Leider
trifft man sie höchst selten an. Im Arbeitsalltag erleben wir Menschen, die
wie ein Wasserfall reden und andere nicht zu Wort kommen lassen. Andere verwenden im Schriftverkehr komplizierte Schachtelsätze, bei denen
nicht unbedingt ersichtlich ist, was der Absender vom Adressaten eigentlich möchte.

Kommunikation beim Sprechen und beim Schreiben nach dem KISS
Prinzip funktioniert wie folgt:

Vermeiden Sie Fachausdrücke und Fremdwörter. Falls sie unvermeidlich
sind, erklären Sie sie. Benützen Sie kaum Abkürzungen ohne nur solche
die auch jeder am Gespräch Beteiligte versteht. Benützen Sie wenig Füll-
wörter wie eigentlich, durchaus, etwa, gewiss, gerade, allerdings, nämlich, überhaupt, zweifellos, insbesondere, ehrlich, wirklich und andere.

Bilden Sie kurze Sätze. Je länger ein Satz ist, desto schwerer wird er verstanden. Benützen Sie wenig Klammern. Wählen Sie die aktive statt die
passive Form, indem Sie Verben bevorzugen. Auf passive Art würde der
Satz lauten: Bei Ihrer Wahl sollte die Verbbevorzugung vorrangig sein.

Benützen Sie Beispiele und Vergleiche. Stellen Sie die Hauptaussage in
den Hauptsatz. Im Nebensatz gehen wichtige Aussagen leicht verloren.

Kommunikation klappt nur, wenn sie im Austausch stattfindet. Das
KISS-Prinzip kann hier sehr hilfreich sein. Claude Weill vom Beratungs-
unternehmen Watson Wyatt Worldwide, hat gesagt, dass gute Kommunikation sogar die Rendite steigert. Die amerikanische Beratungsfirma
hat eine Studie veröffentlicht, die beweist, dass zwischen der guten internen Kommunikation im Unternehmen und seinem Börsenwert ein

klarer Zusammenhang besteht. Kommunikation ist also ein Wertschöpfungsfaktor.

5.4.1 10 Tipps für konstruktive Kommunikation

1. Nehmen Sie den Gesprächspartner ernst.
2. Beachten Sie das Selbstwertgefühl des anderen Menschen.
3. Berücksichtigen Sie, dass jede Kommunikation sowohl Sach- als auch Beziehungsseiten hat.
4. Gestalten Sie Kommunikation immer wechselseitig statt einseitig.
5. Bedenken Sie, dass Kommunikation nie nur die Worte umfasst, sondern immer auch die Körpersprache.
6. Hören Sie zu und haben Sie den Willen, den anderen auch zu verstehen.
7. Formulieren Sie Kritik immer als Ich-Botschaft, statt über die Du/Sie - Botschaft den anderen zu kränken.
8. Stellen Sie Fragen, wenn Ihnen etwas unklar ist statt zu interpretieren und mit Unterstellungen zu agieren.
9. Machen Sie sich verständlich und drücken aus, was Sie empfinden und wahrnehmen.
10. Bereiten Sie sich auf Gespräche vor. Nicht überlegte Kommunikation schafft Konflikte.

Es ist sinnvoll, verschiedene Kommunikationssituationen zu reflektieren. Trainieren Sie die Punkte regelrecht. Gute Kommunikation beflügelt. Misslingende Kommunikation macht krank. Es gibt keine Patentrezepte, aber Echtheit ist wichtig. Das Gegenteil wird erreicht, wenn die Terminologie ein Wirrwarr ist. Oft sind Protokolle nicht nachvollziehbar.

Analysieren Sie Ihre Kommunikationsprozesse in alle Richtungen und halten Sie sich an die KISS-Regeln: Gestalte es kurz und einfach. Beachten Sie die 10 Hinweise für konstruktive Kommunikation.

5.4.2 Zielgerichtet und partnerorientiert sprechen

Die meisten halten Kommunikation für selbstverständlich, ohne jemals darüber nachgedacht zu haben. Viele setzen voraus, dass andere verstehen, was sie sagen, und dass sie verstehen, was andere ihnen sagen. Man geht eben davon aus, dass die intendierte Bedeutung eines Satzes zwangsläufig in der gewählten Formulierung beim Zuhörer ankommt.

Diese Situation veranlasst dann auch viele auf die Bemerkung „Ich dach
te, Sie meinten" mit dem Kommentar zu reagieren: „Aber ich habe ge
dacht, dass Sie mich verstehen".

Wenn es nicht gelingt, uns anderen verständlich zu machen und auf
merksam zuzuhören, was sie uns zu sagen haben, verschwenden wir Zei
– so wird häufig mehrmals telefoniert, weil ein Mail- oder Brieftext nich
klar formuliert wurde. Mails und Briefe machen Rückfragen nötig, wei
sie den Wissensstand des Adressaten nicht angemessen berücksichtigen.

Kommunikationsprobleme treten überall auf. Sie können Sie behandeln
indem Sie ihre Kommunikationsgepflogenheiten von Zeit zu Zeit mi
Distanz kritisch hinterfragen und gegebenenfalls verbessern. Ein Ge
spräch ohne Vorbereitung ist wie eine Therapie ohne Diagnose! Eine gute
Gesprächsvorbereitung bringt beiden Gesprächspartnern Vorteile und
Nutzen.

Nutzen für Sie als Gesprächsführer

- Sie sparen Zeit – weil Sie schneller zum Kern der Sache kommen.
- Sie zeigen Stärke – weil Sie Einwände, da vorher bedacht, sofort ent
  kräften können.
- Sie gewinnen an Kompetenz – weil Sie sich selbst bei „Kleinigkei
  ten" schon vorher mit den Fakten beschäftigt haben.
- Sie haben Erfolg, weil Sie vorher wissen, was Sie erreichen wollen.

Nutzen für den Gesprächspartner:

- Er ist dankbar, weil auch er wertvolle Zeit gewinnt.
- Er fühlt sich wert geschätzt – weil Sie sich auf seine spezielle Situatio
  eingestellt haben.
- Er fühlt sich wohl – weil Sie ihm klar den Gesprächsnutzen verdeut
  licht haben.

Fragen zur erfolgreichen Gesprächsvorbereitung:

- Was ist das Ziel des Gesprächs?
- Welche Infos über Ihr Gegenüber, das Unternehmen oder das Prob
  lem haben oder benötigen Sie?
- Welche Unterlagen oder Präsentationsmittel brauchen Sie für eine
  kompetenten Eindruck?

- Wie wollen Sie das Gespräch eröffnen, das Interesse Ihres Kunden oder Chefs wecken?
- Welche Besprechungspunkte wollen Sie anschneiden?
- Mit welchen Einwänden rechnen Sie und was sagen Sie kompetent und sachlich jeweils dazu?
- Was sind Ihre besonderen Stärken und worin unterscheiden Sie sich von anderen Mitarbeitern, Anbietern oder anderen?

Offen diskutieren

- Wissen nicht zurückhalten
- die eigene Meinung klar zum Ausdruck bringen
- faire Dialektik üben
- keine abfälligen Bemerkungen
- keine Killer-Phrasen, die den Gesprächsfluss unterbrechen („Das haben wir schon immer so gemacht" oder „Was für ein Quatsch")
- im Vordergrund steht die Sache, nicht die Person

Zielorientiert diskutieren

- beim Thema bleiben
- auf Fakten bauen, statt zu spekulieren
- falls nötig: Faktenbesorgung delegieren und Thema vertagen
- Brainstorming einschieben
- lieber 5 Minuten Pause machen, als nach einer Stunde ineffektiv weiterzuarbeiten

Zuhören, Mitdenken, Konsens bilden

- aufmerksam zuhören
- keine Nebenbeschäftigung
- Vorträge und Redebeiträge nicht unterbrechen
- Fragen zur späteren Diskussion notieren
- Konsens bilden statt abstimmen und überstimmen

Eine gute Gesprächsvorbereitung bringt allen Gesprächspartnern Vorteile und Nutzen. Bereiten Sie sich mit Fragen auf ein erfolgreiches Gesprächs vor. Diskutieren Sie zielorientiert. Hören Sie zu, denken Sie mit, bilden Sie einen Konsens.

Es können bei der Kommunikation in der Regel folgende Aspekte unter schieden werden:

Dimensionen der Kommunikation

1. Die Orientierung auf den Sachinhalt des Gesprächs.
2. Die emotionale Zu- oder Abwendung in den Beziehungen zwischen den Sprechenden.
3. Die Möglichkeit, eigene Anschauungen in das Gespräch einzubringen
4. Den Partner beeinflussen wollen im Sinne von Lenkung und Steuerung.
5. Die Möglichkeit zu Rückfragen und in Folge auch zu Korrekturen de Gesagten.
6. Die Möglichkeit, über die Qualität des Gesprächs zu sprechen und e zu bewerten.

5.5 Das Kommunikationshaus

Wenn Sie die Kommunikationshaus-Regeln beherrschen, wird sich Ihr Kommunikation allgemein verbessern. Sie werden Ihnen helfen, Konflik te anzusprechen bzw. sie gar nicht erst entstehen zu lassen:

Die fünf Kommunikationshausregeln

1. Seien Sie sehr verständlich bei Ihren Sachaussagen
2. Seien Sie sehr offen, wenn Sie von sich sprechen (Ich-Aussagen)
3. Seien Sie sehr wertschätzend, wenn Sie etwas über den anderen sa gen (Du-Aussagen)
4. Seien Sie sehr direkt und klar, wenn Sie um etwas bitten oder auffor dern, etwas zu tun
5. Verzichten Sie auf negative Vorurteile

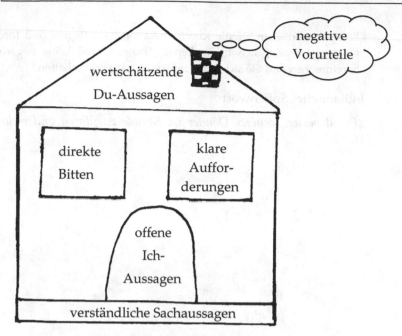

Abbildung 5-2: Kommunikationshaus (© Sibylle Horger-Thies)

Das Fundament sind die verständlichen Sachaussagen. Zur Tür hinein geht es mit den offenen Ich-Aussagen. Durch die Fenster drücken sich die direkten Bitten und die klaren Aufforderungen aus ohne Manipulationen, welche die Sicht verschleiern. Das schützende Dach ist durch wertschätzende Du-Aussagen geprägt. In der Regel greifen wir den Gegenüber durch Du-Aussagen an. Mein Modell weist darauf hin, wertschätzend vorzugehen, um Verletzungen zu vermeiden, die leicht zu Konflikten führen können. Durch den Schornstein lassen wir alle negativen Vorurteile oder Vorannahmen ziehen.

Erlernen und üben Sie die Kommunikationshaus-Regeln und Ihre Gesprächsführung befindet sich in trockenen Tüchern, weil keine negativen Gefühle
hereinregnen und Sie sich klar und wertschätzend verhalten.

Indianisches Sprichwort:

„Es ist besser, weniger Donner im Munde zu führen und mehr Blitz in de
Hand."

6 Konflikte kreativ lösen

Wenn Menschen zusammenarbeiten, kann es schnell zu Missverständnissen und Konflikten kommen. Da erscheint mir die Erkenntnis von Michail Gorbatschow passend, der einmal gesagt hat: „Ich überlege immer, ob mein Handeln ein Teil des Problems oder ein Teil der Lösung ist."

Unsere heutige Lebensweise bringt viele Konflikte mit sich. Sowohl die Gesellschaft als auch unser Berufsleben bergen ein großes Potential an Konfliktsituationen. In der Arbeitswelt zählen dazu zum Beispiel organisatorische und strukturelle Veränderungen, Unsicherheit oder Arbeitslosigkeit. Es ist daher ganz natürlich, dass es immer wieder zu Konflikten kommen wird – die aber keine zerstörerische Wirkung entwickeln müssen. Es gibt auch Menschen, die mit sich selbst in Konflikt stehen.

Da es für den persönlichen Bereich andere Wege und Methoden gibt, um Konflikte zu lösen, beziehe ich mich bei der Frage, wie Sie im Team bei Konflikten wachsen können, auf den Fokus: Konflikte zwischen zwei und mehr Menschen. Wie ich in dem Buch: „100 Minuten für den kompetenten Auftritt", einem Buch mit Persönlichkeitstraining beleuchtet habe, ist es entscheidend, die eigenen Wertvorstellungen und Einstellungen zu überprüfen, um so zu einer entspannteren und positiveren Einstellung zu gelangen.

Indianisches Sprichwort:

„Die Kraft einer Sache oder Handlung liegt in deren Bedeutung und im Verständnis, das wir dafür haben."

Zusammenarbeit ohne Meinungsverschiedenheiten ist undenkbar. Wo Menschen sind, gibt es immer verschiedene Perspektiven und dann Differenzen, weil jeder von einem anderen Ansatz ausgeht. Wenn ich von einem Konflikt spreche, ist das per se nichts Negatives. Der Konflikt zeigt auf, wo noch Diskussions- und Handlungsbedarf besteht.

Ehrliche und zur rechten Zeit offen ausgetragene Konflikte können unserer Entwicklung sogar förderlich sein.

Es gibt ein paar grundlegende Reaktionsformen auf Konflikte. Die meis
ten Menschen reagieren immer ähnlich. Sie zeigen folgende Verhaltens
weisen:

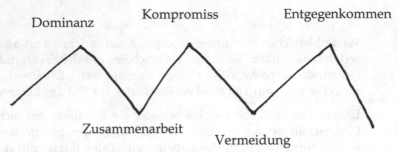

Abbildung 6-1: Verhaltensweisen

- **Dominanz:** Sie möchten als Sieger aus dem Konflikt hervorgehen un
  den anderen niederzwingen.
- **Zusammenarbeit:** Sie versuchen, die Bedürfnisse aller am Konflik
  Beteiligten zu erfüllen und gelangen so zu einem für alle Seiten akzep
  tablen Ergebnis.
- **Kompromiss:** Jeder ist zufrieden, wenn ein Teil seiner Bedürfniss
  erfüllt wird. Sie geben etwas, um selbst etwas zu bekommen.
- **Vermeidung:** Wenn nur eine geringe Konflikttoleranz vorhanden is
  vermeidet man Konfliktsituationen.
- **Entgegenkommen:** Mit wenig selbstbehauptendem Verhalten, glätte
  Sie die Wogen und konzentrieren sich auf die Bedürfnisse und Wür
  sche des möglichen Konfliktpartners. Währenddessen ignorieren Si
  Ihre eigenen Rechte.

Versuchen Sie zu verstehen, wie Sie und Ihre Teamkollegen typischerwe
se in Konfliktsituationen reagieren. Ihr Ziel sollte es sein, eine Method
zum Konfliktabbau zu finden, bei der alle Beteiligten gewinnen – es se
denn, der Konflikt ist auf irgendeine Weise funktional. Das kann zur
Beispiel ein Problemlösungsprozess sein, bei dem versucht wird, die U
sache des Konflikts zu finden und zu beseitigen. In diesem Fall bekomn
jeder, was er will oder braucht. Hilfreich für eine konstruktive Teamarbe
sind die beiden Verhaltensweisen **Zusammenarbeit und Kompromis**
„Entgegenkommen" klingt zwar gut, ist aber auf Dauer kontraproduktiv
weil Sie damit Ihre eigenen Bedürfnisse missachten. Über kurz oder lan

kann sich dann bei Ihnen eine tiefe Unzufriedenheit entwickeln. „Dominanz" und „Vermeidung" sind nicht nur im Team wenig erfolgreiche Verhaltensweisen. Bei „Dominanz" bügelt man die Bedürfnisse und Ansprüche der anderen einfach nieder. Mit der „Vermeidung" geraten Sie schnell in die Falle, Ihre eigenen Bedürfnisse zu missachten. Außerdem lassen Sie Ihre eigenen guten Erkenntnisse nicht ins Team fließen, nur weil Sie konfliktscheu sind. Die Konsequenz ist, dass möglicherweise eine schlechtere Lösung gefunden wird.

Hilfreich für eine konstruktive Teamarbeit sind die Verhaltensweisen Zusammenarbeit und Kompromiss.

Indianisches Sprichwort:

„Das Kriegsbeil ist erst dann begraben, wenn man nicht mehr weiß, wo es liegt."

6.1 Typisches Konfliktverhalten

Was sind eigentlich „Konflikte" und was macht sie schwierig? Nach einem konfliktbeladenen Gespräch gehen Sie oftmals mit dem Gefühl weg: „Wir haben nicht dieselbe Wellenlänge" oder „Wir konnten keine gemeinsame Linie finden". Das sind also oft Gespräche, bei denen keine Einigung erzielt werden konnte oder bei denen sich der Gesprächspartner als „schwierig" herausgestellt hat. In beiden Fällen gehen die Gesprächspartner mit einem unzufriedenen Gefühl weg.

Weiterhin werden Gesprächssituationen im Vorfeld als schwierig empfunden, bei denen Sie dem Gesprächspartner etwas Unangenehmes mitteilen müssen, zum Beispiel eine gezielte Kritik am Verhalten oder an der Persönlichkeit. Oft rechnet man dann schon mit Widerstand oder mit unliebsamen Auseinandersetzungen.

Je mehr der Konflikt ausgeweitet wird, desto weiter ist der Lösungsweg entfernt. Das ist schon bei zwei Menschen ein Problem, aber bei Teams mit mehreren Akteuren, potenziert sich das noch. Lösungen erscheinen immer unwahrscheinlicher und manchmal zählen nur noch Sieg oder Niederlage.

Das typische Konfliktverhalten von Menschen verläuft nach folgendem Argumentationsmuster:

- Man wählt Argumente, um die eigene Position unterstützen.
- Man wählt Argumente, um die andere Position zu schwächen.
- Man wählt Argumente, die gegen die andere Person gerichtet sind.

Mit dieser Vorgehensweise versperrt man sich die Sicht auf die Konflik
lösung. Wer nur „Sieg oder Niederlage" kennt, gerät in eine Sackgasse
Menschen reagieren darauf negativ. Dann ist es egal, ob sie nur das Ge
fühl haben, verloren zu haben oder wirklich verloren haben. Ich stell
Ihnen nun unterschiedliche Verhaltensweisen vor, wie Kollegen reagiere
können.

Begibt sich auf einen Rachefeldzug

Wenn Sie Ihrem Kollegen eine Niederlage zugefügt haben, möchte er sic
rächen. Ganz unvermutet wird er zurückschlagen. Das kann mit zeitliche
Verzögerung einhergehen, zum selben Thema oder einem ganz andere
Ansatzpunkt, aber immer auf Sie ausgerichtet, weil er durch Sie die Nie
derlage erlitten hat. Hier trifft es der Volksmund wieder sehr gut, de
verspricht: „Rache ist süß." Oft sind Sie als „Opfer" dann ganz erstaur
und verstehen gar nicht, wie Ihnen geschieht.

Entschwindet in innerliche oder äußerliche Flucht

Wer eine Niederlage erlitten hat, zieht sich zurück, bringt sich „aus de
Schusslinie" und ist für den, der ihm die Niederlage zugefügt hat, nicl
mehr ansprechbar. Zum Beispiel wird die Zusammenarbeit verweiger
Die innere Kündigung tritt auf oder der persönliche Rückzug. Die Fluch
geht immer mit einem Motivationsverlust einher. Manche negieren de
Konflikt nach dem Motto: „Ich habe keinen Konflikt". Manchmal passie
es, dass jemand die Schuld oder den Fehler bei sich selbst sucht. Je nac
Persönlichkeit kann dies tiefgreifende Auswirkungen auf die Person un
ihr Verhalten haben.

Wählt eine Verschiebungstaktik

Ein Unterlegener im Team sucht nun den Erfolg in kämpferischen Ause
nandersetzungen mit den Kollegen oder anderen. Auch die Schuld an de
Niederlage sucht er nun bei anderen und nicht bei sich selbst. Der ander
hat Schuld. Das eigene Verhalten kann nicht reflektiert werden. Gerade i
Teams bietet sich die Verhaltensweise des Verschiebens als Reaktion an.

Ausweichverhalten

Wenig hilfreich ist es, wenn Sie die Zeit vergehen lassen und nicht entscheiden. Ebenso geht es nicht weiter, wenn jeder schweigt und hinunterschluckt. Natürlich ist es oft hilfreich, erst darüber zu schlafen, ehe man hart reagiert. Aber mehrmals darüber schlafen und dann nicht reagieren ist keine Lösung und deshalb kontraproduktiv.

Empfehlenswert ist immer ein Perspektivwechsel, vor allem, wenn es sich um komplexe Themen handelt. Oft muss die eigene Einstellung verändert werden, bevor sich eine Konfliktlösung andeutet.

Hilfreich finde ich in diesem Zusammenhang das Indianische Sprichwort:

„Großer Geist, bewahre mich davor, über einen Menschen zu urteilen, ehe ich nicht eine Meile in seinen Mokassins gegangen bin."

Das erfordert manchmal schmerzhafte Lernprozesse.

6.2 Transparenz im Team

Teams enthalten einerseits ein großes Potenzial für Produktivität und andererseits auch für Konflikte und Misserfolge. Ob ein Team erfolgreich wird, zeigt sich meist schon zu Beginn.

Schaffen es die Teammitglieder, sich zu organisieren? Gelingt es, eine Atmosphäre des guten Miteinanders zu entwickeln? Oder wird es eher ein unproduktives Gegeneinander?

Menschen reagieren sehr verschieden auf die Herausforderung durch die Begegnung mit neuen Kollegen. Jeder versucht, seine Position im Team, in der Gruppe zu finden. Jeder fährt seine psychologischen Antennen aus und richtet sie auf die anderen. Wichtig sind hier vor allem die nichtsprachlichen, die nonverbalen Signale.

Wenn ein Team beginnt, sich zu formen und zu etablieren, dann wird der Meinungsaustausch immer intensiver. Die Teammitglieder wollen vieles voneinander erfahren: Einstellungen, Werte, Arbeitsstil und die Kontaktbereitschaft des anderen. Diese Testphase dauert so lange, bis jeder weiß, welche Rolle er im Team hat.

Ein weiterer Grund ist, dass die Prozesse im Team wenig transparent sin
man weiß nicht so genau, was eigentlich läuft. Was bedeutet das für Sie
Sie müssen mehr miteinander reden und weniger hintenrum und übe
den anderen. Dies gilt vor allem für neue Teams, die erst frisch zusan
menarbeiten.

Kennen Sie solche Phasen, in denen man nicht mehr so genau weiß, wo e
eigentlich langgeht? Sie fühlen sich unverstanden oder vielleicht sind Si
sauer? Eventuell werden Sie sogar aggressiv? Was kann man in solche
Phasen tun?

Konflikte sind für die Beziehungen Einzelner unerfreulich und gefährlicl
in Gruppen und Unternehmen unproduktiv und unökonomisch. Weil si
kaum vermeidbar sind, ergeben sich für Sie zwei Fragestellungen:

1. Wie halte ich die Anzahl der Konflikte so klein wie möglich?
2. Wie löse ich die unvermeidlichen Konflikte?

Wären sich alle Menschen, die in Arbeitsbeziehungen zueinander stehe
immer sympathisch, würden viele Kooperations- und Kommunikation:
regeln überflüssig. Dann müssten Sie sich nicht mit meinen Ausführur
gen auseinandersetzen. Hervorragend gelöste Konflikte hinterlassen at
beiden Seiten einen Gewinner. Jedes Individuum bringt, bewusst ode
nicht bewusst, seine persönlichen Voraussetzungen in die Arbeitssituatio
mit ein.

Persönliche Voraussetzungen

–   Grundsätze, zum Beispiel „Man soll den Leuten nicht den kleinen Fir
    ger geben, sonst nehmen sie die ganze Hand".
–   Persönliche Ziele und Bedürfnisse, zum Beispiel „Ich erwarte, dass ic
    in zwei Jahren aufgrund meiner Leistungen 20 Prozent mehr als heut
    verdiene."
–   Handlungsalternativen, zum Beispiel „Ich habe das bis jetzt so ge
    macht, und das hat immer funktioniert".
–   Selbstwertgefühl, das so leicht verletzbar ist, zum Beispiel „Keiner ha
    gemerkt, dass die ursprüngliche Idee von mir stammt – warum nur
    kann ich mich nicht durchsetzen?"

In jeder Zusammenarbeit werden immer aufgrund dieser Unterschiec
Konflikte zwischen den beteiligten Menschen entstehen. Nur absolu
identische Menschen mit gleichen Werten, Bedürfnissen und praktische

Erfahrungen hätten, theoretisch betrachtet, keine Konflikte. Wie wir jedoch schon bei den unterschiedlichen Landkarten festgestellt haben, geht das gar nicht.

Unternehmen bemühen sich, unnötige Reibungsverluste zu verhindern, indem sie Handlungsanweisungen und Regeln aufstellen. Ziele werden für einzelne oder ganze Gruppen formuliert und gewisse Werte für alle verbindlich erklärt.

Bevor Sie mit einer konkreten Konfliktlösung beginnen, erinnern Sie sich an mögliche Gründe für zwischenmenschliche Konflikte, um sie einordnen und benennen zu können. Jeder hat schon fast jede Variante erlebt und weiß deshalb, wie schwer es ist, sich davon freizumachen:

- Es gibt Differenzen bezüglich der Tatsachen, weil sich nicht alles eindeutig ist.
- Es gibt Differenzen, was die Ziele betrifft.
- Die Prioritäten werden verschieden gesetzt.
- Arbeitsmethoden werden anders definiert und angewendet.
- Es wird um materielle oder personelle Ressourcen gekämpft.
- Es gibt Konkurrenz um Positionen.
- Es gibt Missverständnisse wegen fehlender oder unzureichender Kommunikation.
- Es gibt unerfüllte und enttäuschte Erwartungen.
- Jemand hat Vorurteile.
- Jemand ist befangen.
- Man findet den anderen unsympathisch.
- Jemand verhält sich gehässig, übelwollend.
- Jemand ist streitlustig.
- Jemand ist übersensibel und verletzlich.
- Jemand hat eine andere Wahrnehmung, andere Werte aufgrund biografischer Erfahrungen.

Die genannten Gründe lassen sich oft in der akuten Situation ohne Hilfe von außen nicht lösen. Die Konfliktpartner sind dann regelrecht verhakt. Sehr hinderlich für eine konstruktive Konfliktlösung wirken sich auch eigene extreme Gefühle wie zum Beispiel die Empfindung „Wut" aus. Zum Umgang mit Wut, die aus frustrierenden Erlebnissen oder Situationen entstehen kann, möchte ich Ihnen ein paar Hinweise geben.

Konflikte sind normal und kein Drama.

6.2.1 Umgang mit Frustration

Wenn Sie Ihre Ziele nicht erreichen können, nicht so vorankommen, wi
Sie es sich wünschen, dann entsteht manchmal ein Gefühl der Frustration
Oft wächst dann ein Gefühl heran, Sie verspüren Ärger, der sich schlie
lich in Wut äußern kann. Da dies ein wenig konstruktives Gefühl is
möchte ich Ihnen Hinweise geben, wie Sie diese Gefühle regulieren kör
nen. Versuchen Sie, als Reaktion nicht aufzubrausen, sondern gehen sta
dessen in die Analyse der Situation über. Denken Sie dabei ganz konkre
über den Menschen nach, mit dem Sie in Konflikt stehen und der Sie wi
tend macht. Stellen Sie sich dazu folgende Fragen:

- Warum verhält der andere sich so?
- Verschlechtert der momentane Zustand das ursprüngliche Problem?
- Wodurch wurde die Konfliktsituation ausgelöst?
- Bin ich als Person oder mein Verhalten der Grund für die Reaktion de
  anderen?
- Wie habe ich in der Situation reagiert?
- Ist das eine Ausnahme oder verhält sich der Betreffende immer so?

Schritte zur Gefühlsanalyse

- Was genau macht mich wütend?
- Sind die Gefühle berechtigt?
- Habe ich mich in meiner Wut zu einem aggressiven Verhalten hinre
  ßen lassen?
- Habe ich die Situation unter Kontrolle? Fühle ich mich nicht mehr fr
  in meinem Verhalten?
- Habe ich noch einen realistischen Blick auf die Situation?
- Bin ich zu voreilig in meinen Schlussfolgerungen?

Planung der weiteren Vorgehensweise

- Wollen Sie die Situation ignorieren oder auf sie reagieren? Welch
  Schritte müssen Sie dann gehen?
- Auch wenn Sie jemand beleidigt – Sie müssen sich weder verteidige
  noch beweisen.
- Was erwarten Sie sich von der Situation?

- Brauchen Sie mehr Informationen, um angemessen reagieren zu können?
- Verzichten Sie auf die „Ja, aber ..."-Methode, sie führt nur dazu, dass der andere erst recht seine eigene Position verteidigt.
- Versuchen Sie, den Konfrontationskurs zu vermeiden, denn Aggression erzeugt weitere Aggression.
- Benutzen Sie empathische Selbstbehauptungstechniken: Hören Sie dem anderen aktiv zu und zeigen ihm, dass Sie gehört haben, was er gesagt hat.

Respektieren Sie den anderen und nehmen Sie ihn ernst. Das ist nicht einfach, denn wenn Sie Wut spüren, dann wird diese Sie im Konflikt dazu drängen, lauter zu werden und dafür zu sorgen, dass der andere Ihre Ansicht hört.

Hier hilft es besonders, empathisch vorzugehen. Das bedeutet, sich in den anderen hineinzuversetzen und dadurch seine Gefühle zu verstehen. So können Sie auf direkte und positive Weise über Ihre eigenen Gefühle sprechen und deutlich sagen, was Ihrer Ansicht nach geschehen soll. Sie könnten sagen: „Wenn Sie sich mir gegenüber so verhalten, bekomme ich das Gefühl, dass ... Und das wirkt sich ... auf mein Verhalten aus."

Wahrnehmung von Wut beim anderen

Ist der andere wütend, sollten Sie zunächst abwarten, bis er sich beruhigt hat und erst dann ein Gespräch beginnen. Solange er wütend ist, kann er kaum zuhören, weil er zu sehr mit seinem starken Gefühl beschäftigt ist und das seine Sinneswahrnehmungen beeinträchtigt.

Es ist durchaus in Ordnung, wenn Sie wütend sind, weil ein Kollege oder Ihr Chef Sie im Stich lässt, Sie nicht unterstützt, wenn es nötig wäre. Ein anderer Grund ist, dass er sich Ihnen gegenüber rücksichtslos verhält. Den entscheidenden Punkt bildet die Frage, wie Sie mit diesen Gefühlen umgehen. Da sich Wut, die über längere Zeit unterdrückt wird, in hohem Blutdruck niederschlagen kann, sollten Sie sich aktiv mit Ihrer Wut auseinandersetzen, statt sie zu leugnen.

Verändern Sie Ihr Verhalten durch folgende Körperinstruktionen

- Bleiben Sie ruhig und beherrscht.
- Atmen Sie tief ein und versuchen Sie, die Zwerchfellatmung zu prakt
  zieren. Dabei drücken Sie Ihre Bauchmuskeln nach außen, so dass Si
  langsam und tief einatmen können. Halten Sie dann kurz die Luft a
  und genießen Sie den ausreichenden Sauerstoff, bevor Sie wieder aus
  atmen. Durch die kontrollierte Atmung verschaffen Sie sich Zeit zur
  Nachdenken. Sie bekommen mehr Kontrolle über das, was Sie sagen.
- Führen Sie Gedankengespräche, um sich Ihrer Gefühle klar zu werder
  Denken Sie daran: manche Leute versuchen ganz bewusst Sie wüten
  zu machen.

Über Selbstgespräche Frust abbauen

Üben Sie Selbstgespräche, damit es Ihnen leichter fällt, die angemesser
Antwort zu geben und richtig zu reagieren, wenn Sie jemand wüten
gemacht hat:

- Prägen Sie sich Worte und Sätze ein, um nicht ausfallend zu werder
  Sagen Sie zum Beispiel „Ich bin sehr erstaunt über Ihr Verhalten un
  kann erst mal gar nichts dazu sagen."
- Nutzen Sie die Technik der Visualisierung: Stellen Sie sich vor Ihrer
  geistigen Auge vor, wie Sie ruhig und beherrscht sind, selbst wenn S
  provoziert werden.
- Ändern Sie Ihr Verhältnis zu anderen, statt mit Aggression oder Wu
  reagieren Sie mit Selbstbehauptung (wie im Kapitel 3.3.2. Ausstie
  über Schlagfertigkeit) erklärt. Dadurch wird es Ihnen gelingen, Kor
  flikten nicht ohnmächtig ausgeliefert zu sein.

Wenn Sie feindselige Gefühle unterdrücken oder Ihre Wut in sich hinein
fressen, kann das negative Auswirkungen sowohl für Ihre Selbstachtun
als auch für Ihre Gesundheit haben. Konflikte sind auch deshalb nützlicl
weil sie darin bestärken, einen unkonventionellen Weg zu gehen. Sie ste
gern die Kreativität und fördern Innovation, indem sie zu Wachstun
Entwicklung und Veränderung anspornen.

Wut ist eine Reaktion auf ein Gefühl der Ohnmacht. Versuchen Sie Ihre eigener
Emotionen in den Griff zu bekommen. Bauen Sie einen Dialog mit dem auf, de
Sie reizt. Analysieren Sie die Situation. Zuletzt erarbeiten Sie sich eine Lösung.

6.2.2 Regeln zur konstruktiven Konfliktlösung

- Nehmen Sie sich mehr Zeit dafür, die Gründe zu verstehen, die hinter menschlichem Fehlverhalten stecken könnten.
- Berücksichtigen Sie, dass selten jemand „recht" hat. Jeder einzelne nimmt Situationen durch seinen eigenen Wahrnehmungsfilter auf.
- In jedem Konflikt hat jeder Beteiligte ein subjektiv berechtigtes Anliegen. Finden Sie dieses Anliegen heraus. Nur wenn Sie es verstehen, können Sie den Konflikt konstruktiv lösen.
- Formulieren Sie für sich in Gedanken das Anliegen des Gegenübers und überlegen Sie, was Sie an seiner Stelle erwarten würden.
- Bitten Sie um einen Kompromissvorschlag und suchen Sie dann gemeinsam einen tragfähigen Kompromiss, der dem Anliegen des Gegenübers soweit wie möglich entspricht, ohne dass Ihr eigenes Ziel dadurch gefährdet wird.
- Gelegentlich steckt hinter einem aktuellen Konflikt eine alte Niederlage. Suchen Sie miteinander danach und räumen Sie die alte Sache gemeinsam auf.
- Lassen Sie sich nicht von anderen aufregen oder wütend machen. Überlegen Sie sich gut, wann Ärger Ihnen wirklich was nützt und wann Sie besser gelassen bleiben.
- Verbessern Sie Ihre Zuhör- und Ausdrucksfähigkeit, um mögliche Missverständnisse von vornherein auszuschließen. Ein einfaches Missverständnis kann einen quälenden Konflikt nach sich ziehen.

Körperliche Reaktionen

Mit Kampf oder Flucht zu reagieren ist nicht generell psychisch schädlich. Schlecht ist die physiologische Stresshormonausschüttung, die auf Dauer körperliche Schäden bedingen kann, zum Beispiel einen Herzinfarkt. Dagegen ist Kämpfen oder Flüchten mit Bewegung verbunden und würde, wenn man dem Impuls nachgeben kann, die Stresshormone abbauen. Die körperliche Reaktion bereitet den Körper auf die Bewegung vor, indem sie ihn alarmiert. Schädlich wäre sie, wenn man sich dann nicht bewegt, sondern nur redet. Aber unsere Selbstachtung sinkt, wenn es uns nicht gelingt, Herr/Frau der Situation zu bleiben. Eine solche Alarmreaktion ist jedoch die normale physiologische Folge auf stressige Situationen. Wenn wir dies leugnen, können stressbedingte psychosomatische Störungen auftreten.

Methoden des Konfliktabbaus

Die Konzentration auf ein übergeordnetes Ziel ist eine geeignete Method
des Konfliktabbaus. Das kann ein in Aussicht gestellter Anreiz für di
ganze Gruppe sein, der alle Konfliktparteien zur Zusammenarbeit zwing
da das Ziel nicht in Alleinregie erreicht werden kann.

Ein Rollentausch kann ebenfalls helfen, Konflikte beizulegen. Bei dieser
Vorgehen versetzt sich jede der Parteien an die Stelle der anderen. Da
funktioniert allerdings nur, wenn beide Seiten an einer Änderung de
Status quo interessiert sind.

Versuchen Sie, in Konfliktsituationen Ihre Bedürfnisse zu äußern ohne di
Rechte Ihrer Kollegen zu missachten.

6.2.3   Mit Kritik oder persönlichen Angriffen umgehen

Wir müssen sowohl Kritik einstecken als auch äußern. Das bereitet viele
Menschen Schwierigkeiten. Die folgenden Richtlinien sollen helfen, besse
mit Kritik umzugehen. Beherzigen Sie vor allem die fünf Grundsätze:

Bild der Grundsätze

– Bleiben Sie ruhig.
– Bleiben Sie positiv.
– Seien Sie objektiv.
– Treffen Sie kurze, deutliche Feststellungen.
– Seien Sie konstruktiv.

Vergessen Sie nie, dass Ihre Kritik gegen das Verhalten gerichtet sein sol
te, das Sie als schwierig empfinden und das sich negativ auf Ihr eigene
Verhalten, Ihre Leistung oder Ihr Befinden auswirkt – nicht gegen d
Persönlichkeit oder die Einstellung des anderen.

Die einzige produktive Möglichkeit, mit persönlichen Angriffen umzuge
hen, ist Selbstbehauptung. Verhalten Sie sich anders – zum Beispiel ag
gressiv – könnte sich die Situation weiter verschlechtern.

Fordern Sie Ihren Gegenüber auf, bei seinen Angriffen nicht persönlich z
werden. Natürlich haben andere das Recht, Sie zu kritisieren, doch mü
sen Sie sich nicht demütigen oder vor Dritten kritisieren lassen. Wenn S
ärgerlich oder gar wütend werden oder Angst bekommen, hören S

wahrscheinlich auch nicht mehr auf das, was eigentlich gesagt wird. Dann besteht die Gefahr, dass Sie unangemessen reagieren.

Versuchen Sie sich durch ein paar tiefe Atemzüge zu entspannen.

Verdeutlichen Sie sich, was über Ihr Verhalten oder Ihre Leistung gesagt wurde. Falls die Kritik verschwommen oder mehrdeutig ist, sollten Sie den anderen auffordern, sie zu präzisieren und falls notwendig auch durch konkrete Beispiele zu belegen.

> Bleiben Sie in Konfliktsituationen ruhig, positiv und objektiv. Treffen Sie kurze, deutliche Feststellungen und bleiben dabei konstruktiv. Entspannen Sie über gutes Atmen.

Den Sinn nicht verzerren

Achten Sie darauf, dass Sie keinen gedanklichen Verzerrungen erliegen, wenn Sie jemanden kritisieren oder selbst kritisiert werden. Zu den verschiedenen Formen verzerrten Denkens gehören:

- zu starke Verallgemeinerung (von einem Ereignis auf ein anderes schließen)
- Übertreibung
- Herunterspielen positiver Aspekte
- Schwarz-Weiß-Denken
- unrealistische Erwartungen
- irrationale/unlogische Annahmen

> Unterlassen Sie verzerrtes Denken: verallgemeinern, übertreiben, positive Aspekte vernachlässigen, schwarz-weiß-malen. Unrealistische Erwartungen sowie irrationale und unlogische Annahmen bringen Sie nicht weiter.

Echo-Technik anwenden

Falls Sie selbst kritisiert werden, sollten Sie die Aussage mit Ihren eigenen Worten wiederholen. Durch die Echo-Technik, auch als aktives Zuhören bekannt, kann man sicherstellen, dass beiden Parteien klar ist, was gesagt wurde und dass der jeweils andere die Kritik verstanden hat. Vielleicht möchten Sie auch zum Ausdruck bringen, wie Sie sich angesichts der Kritik fühlen. Fragen Sie sich ehrlich, ob die Kritik den Tatsachen entspricht. Falls sie gerechtfertigt ist, müssen Sie das auch zugeben und Ihren

Gegenüber gegebenenfalls um weitere Informationen bitten, damit Sie seine Kritik positiv nutzen können.

Wenn die Kritik aber unangemessen ist und Ihre Gefühle verletzt, ist es angebracht, das in selbstbehauptender Form zu sagen. Wiederholen Sie zunächst das, was der andere gesagt hat, und sprechen Sie erst dann über Ihre Gefühle. Dadurch merkt der andere, Sie haben seine Kritik verstanden. Er geht dann nicht davon aus, dass Sie ihm bloß widersprechen oder eine Auseinandersetzung mit ihm beginnen wollen.

Gewöhnen Sie sich die Echotechnik des Aktiven Zuhörens an. Damit signalisieren Sie dem anderen, dass Sie wirklich aufnehmen, was er Ihnen zu sagen hat.

6.2.4   Erleichterungstipps für den Konfliktumgang

– Machen Sie sich bewusst: Niemand kann Sie wirklich verletzen. Sie selbst entscheiden, ob und wie Sie berührt werden. Es ist also Ihre eigene Interpretation, auf die es ankommt.
– Auch wenn die von Ihnen empfundene Kränkung scheinbar tief ist, nehmen Sie sich Zeit, ehe Sie etwas erwidern.
– Tun Sie etwas gegen Selbstzweifel, Versagensängste und Unterlegenheitsgefühle. Diese Gefühle können sonst die Basis für eine Eskalation sein. Nehmen Sie sich Hilfe, um sich selbst wieder ins Lot zu bringen.
– Auch eine harte Kritik zielt nicht auf Sie als Mensch. Keiner möchte Sie vernichten. Suchen Sie intensiv nach einer konstruktiven Auslegung der Kritik.
– Gegebenenfalls suchen Sie sich einen unabhängigen Mediator, der hilft, Wege zu finden, um die Zusammenarbeit auch künftig wieder konstruktiv zu gestalten.
– Versteifen Sie sich nicht und beharren auf Ihrem Standpunkt. Hinterfragen Sie auch Ihre eigenen Motive und Interessen.
– Wenn Sie Außenstehender sind, ergreifen Sie nicht Partei, denn da setzen Sie sich mit einem „Ratschlag" (der ja auch ein Schlag sein kann) leicht in die Nesseln oder steigen sogar ins Dramadreieck ein. Empfehlen Sie ein Buch oder einen neutralen Schlichter.

Bleiben Sie im Lot und machen Sie sich bewusst, dass niemand Sie verletzen kann, wenn Sie es nicht zulassen. Bearbeiten Sie Selbstzweifel und Versagensängste. Suchen Sie nach einer konstruktiven Interpretation von Kritik.

6.2.5   So kritisieren Sie andere

Wenn Sie selbst einen Kollegen kritisieren, sollten Sie Ihre Worte mit Bedacht wählen. Geben Sie dem anderen Gelegenheit, auf Ihre Kritik zu reagieren, und machen Sie anschließend Vorschläge für das weitere Vorgehen. Guten Vorschlägen des anderen stimmen Sie natürlich zu. Versuchen Sie, Ihre Kritik mit etwas Positivem zu beginnen, es muss aber echt und spezifisch sein, sonst lassen Sie es lieber bleiben.

Eigene Gefühle äußern

Außerdem sollten Sie Ich-Aussagen statt Du-Aussagen verwenden, da letztere leicht als Schuldzuweisungen aufgefasst werden. Es wäre also falsch zu sagen *„Sie haben den Bericht falsch erstellt. Sehen Sie zu, dass Sie ihn vernünftig hinbekommen oder Sie kriegen Schwierigkeiten!"*

Gut wäre dagegen: *„Ich würde gern mit Ihnen über den Bericht sprechen – da sind nämlich zwei Tabellen falsch, und das ist letzten Monat auch schon passiert. Ich frage mich, woran das liegt? Habe ich Ihnen zu wenig Informationen gegeben?"* Warten Sie auf eine Antwort. *„Wie können wir das beim nächsten Mal vermeiden?"* oder: *„Was können Sie tun, damit das beim nächsten Mal nicht wieder vorkommt?"*

Sensibel vorgehen

Reagiert Ihr Gegenüber auf Ihre Kritik mit unverhüllter Feindseligkeit, können Sie die Situation entschärfen, indem Sie auszudrücken versuchen, was der andere Ihrer Ansicht nach empfindet. Das ist besser, als sich zu verteidigen, was meistens zu einer Auseinandersetzung führt. Wählen Sie Ihre Worte mit Sorgfalt, sagen Sie beispielsweise: *„Offenbar haben Sie sich über irgend etwas geärgert. Das tut mir leid!"* Oder: *„Ich bin sehr überrascht, das zu hören. Anscheinend haben Sie meine Worte anders aufgefasst als es von mir beabsichtigt war."*

Ergebnisse zusammenfassen

Lassen Sie sich nie dazu hinreißen, sarkastisch zu werden, denn dadurch würden Sie Verachtung und fehlenden Respekt zum Ausdruck bringen.

Fassen Sie abschließend die vereinbarten Maßnahmen oder den Kompro miss noch einmal zusammen, damit allen klar ist, wie Sie in Zukunft vo gehen. Da Gespräche, in denen Kritik geäußert wurde, manchmal star gefühlsbeladen sind, könnten die gemeinsam gefassten Beschlüsse leich vergessen werden.

Andere kritisieren Sie, indem Sie über Ich-Aussagen eigene Gefühle äußern und sensibel vorgehen. Am Ende fassen Sie die vereinbarten Maßnahmen oder der Kompromiss zusammen.

6.3 Vorteile stetigen Informationsflusses

Eklatant wichtig zur Konfliktvermeidung oder -reduzierung sind Info mationen und hier vor allem deren Weitergabe. Informieren bedeute Wissen zu erhalten, das notwendig ist, um die vereinbarten Ziele zu erre chen. Da sind Sie in vielen Firmen auf sich allein gestellt, weil die Info mationen nicht in dem Maß fließen, wie es nötig wäre. Ihre Firma hat d Aufgabe, Kommunikationswege in alle Richtungen aufzubauen, offen z halten und zu benutzen. Die Informationen sollen in alle Richtungen fli ßen. Sie als Teammitglied können versuchen, sich in Ihrem Umfeld a diese Anforderung zu halten.

Dabei ist zu beachten, dass die Informationen

- klar und verständlich
- präzise formuliert
- allen zugänglich, das heißt transparent
- vollständig
- wahrheitsgetreu sind

Die Vorteile liegen auf der Hand

- Sie vermeiden Doppelarbeit.
- Die Informationswege werden rationalisiert.
- Sie verringern Fehlentscheidungen, weil nicht mehr nur der eiger Bereich, sondern die Auswirkungen einer Maßnahme auf andere A teilungen einkalkuliert werden.

Häufig wehren sich Firmen gegen umfassende Informationen, weil b fürchtet wird, dass dadurch die Geheimhaltung gefährdet wird. Werde allerdings Informationen geheimgehalten, dann ist jeder bestrebt, sich die Informationen zu verschaffen. Dadurch entstehen meist Gerüchte, die an der Wahrheit oft stark vorbeigehen.

Das bewusste Vorenthalten von Informationen oder deren gezielte Streuung können Anzeichen von Machtpolitik sein. Man erhofft sich einen Prestigegewinn, denn noch immer wird Wissen als Macht angesehen. Wie ich schon beim Feedback erwähnt habe, gilt: Wissen teilen ist Macht. Also halten Sie sich daran und Sie werden selbst der Nutznießer sein, weil die anderen Teamkollegen es bald genauso halten werden.

Vermeiden Sie durch stetige Information Doppelarbeit. Richtiges Informieren schafft eine gegenseitige Vertrauensbasis.

6.4 Gewitter reinigen die Luft

Teamprozesse verlaufen nie ohne Spannungen und Konflikte. Probleme zwanghaft zudecken zu wollen, ist falsch. Richtig ist vielmehr, die Konflikte aufzudecken und zu bewältigen. Sie sind stets Ausdruck verdeckter Probleme und Spannungen im Team. Nur so bleibt ein Team arbeitsfähig und kann sich weiterentwickeln.

Damit sollten Sie nicht übertreiben, denn nicht jede Ungereimtheit ist gleich ein richtiger Konflikt. Aber warten Sie auch nicht, bis der große Knall kommt. Bearbeiten Sie Konfliktpotenzial frühzeitig. Allen sollten die Ursachen bewusst sein. Nur wer die Probleme kennt, kann gezielt darauf reagieren.

Konflikte zu lösen, ist keine lästige Pflichtübung. Im Gegenteil. Viele scheuen Konflikte und meinen, oh weh, wir haben einen Konflikt, hoffentlich merkt das keiner. Dabei sind Konflikte ein normaler Bestandteil der Kommunikation. Ohne Konflikte, keine Auseinandersetzung, ohne Auseinandersetzung keine Weiterentwicklung. Ohne Weiterentwicklung keine guten Ergebnisse, das bedeutet: Nach einem ausgestandenen Konflikt hören Sie oft die Reaktion: „Wenn wir doch gleich darauf gekommen wären, hätte es den Konflikt gar nicht erst gegeben."

Aber Konflikte sind wie ein Gewitter. Sie gehören zu unserer Natur. Zwar sind sie beängstigend und faszinierend zugleich, doch meistens ist nach

einem Gewitter die Welt verändert. „Gewitter reinigen die Luft" sagt
schon der Volksmund.

Scheuen Sie daher nicht vor Konflikten zurück. Konflikte sind gut, denn sie bringen uns weiter. Konfliktpotenziale können für die weitere, Teamentwicklung
fruchtbar gemacht werden. Aber nur wenn man etwas tut.

Sehen Sie sich im Folgenden Symptome an, an denen man erkennen kann,
dass es in einem Team oder in anderen Gruppen Konflikte gibt.

6.4.1   Erkennbare Konfliktsymptome

Schaut man hinter verschiedene Verhaltensweisen, dann fallen ganz typische, im Falle eines schwelenden Konflikts auftretende, Symptome auf.
Sie werden meist einer stressreichen Arbeitsphase zugeschrieben, sind
jedoch Anzeichen für einen langsam vor sich hin glühenden Konflikt.

Es gibt klare Hinweise, an denen Sie erkennen können, ob ein schwelen-
der Konflikt vorliegt. Diese können Sie an folgendem Verhalten beobachten:

– Die Mitglieder sind ungeduldig miteinander.
– Ideen werden schon angegriffen, noch ehe sie ganz ausgesprochen
  sind.
– Die Mitglieder ergreifen Partei und weigern sich nachzugeben.
– Die Mitglieder können sich nicht über Pläne und Vorschläge einigen.
– Argumente werden mit großer Energie vorgetragen.
– Die Mitglieder greifen einander an.
– Die Mitglieder sprechen negativ über die Gruppe und ihre Fähigkeiten.
– Die Mitglieder werfen einander vor, dass sie das eigentliche Problem
  nicht verstehen.
– Die Mitglieder widersprechen den Vorschlägen des Leiters.
– Die Mitglieder verdrehen die Beiträge von anderen.
– Die Stimmung ist angespannt, feindselig und aggressiv.

Anzeichen für einen Konflikt sind folgende Verhaltensweisen: Meinungsverschiedenheiten, affektgeladenes Argumentieren. Man spürt Spannung und
Ungeduld. Es wird angeklagt und keiner will dem anderen zuhören. Keiner ist
bereit, einzulenken und Kompromisse zu schließen.

6.4.2 Teamtraining

Wenn solche Stimmungen auftauchen, ist es höchste Zeit, mit Teamentwicklung, Teamtraining zu beginnen. Noch besser wäre es, schon früher damit zu beginnen und zwar, ehe die Konflikte auftauchen und sich verschärfen. Es kann sich also lohnen, wenn Teams sich ab und zu auch mit sich selbst beschäftigen. Ähnlich wie Teams auf der Sachebene Organisation und Ziele regeln müssen, müssen sie auch ihre Probleme auf der Beziehungsebene klären. Dabei geht es dann nicht um das **was**, sondern um das **wie** der Zusammenarbeit. Nur so entwickeln sich Vertrauen und Loyalität im Team. Teamtraining sollte ihr Team deshalb ständig begleiten.

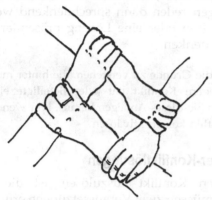

Abbildung 2: Teamtraining

Suchen Sie nach arbeitsorganisatorischen Lösungen und nicht nach Schuldigen oder Sündenböcken. Deshalb lassen Sie sich auch nicht von anderen aufregen oder wütend machen. Geben Sie anderen Menschen wenig Raum oder gar Gelegenheit, Sie wütend zu machen. Überlegen Sie sich gut, wann Ärger Ihnen wirklich was nützt, und wann Sie besser gelassen bleiben. Meiner Erfahrung nach bringt einen die Gelassenheit immer weiter.

Verbessern Sie Ihre Zuhör- und Ausdrucksfähigkeit, um mögliche Miss verständnisse von vornherein auszuschließen. Schon ein ganz einfache Missverständnis kann einen quälenden Konflikt nach sich ziehen. Hätt man besser nachgefragt und sich vergewissert, so wäre es ein einfache gewesen, das Ganze aufzulösen, ehe es sich zu einem Konflikt zusam menballt.

Zum Beispiel: Was meinen Sie dazu? Wie sehen Sie das, Herr/Frau Soun so? Was halten Sie davon? Halten Sie das für möglich, geeignet, günsti Oder hätten Sie andere Vorschläge?

Und schweigen Sie auch mal aktiv, was einfach heißt, dass Sie bewus nicht sprechen. Ihre Kollegen reden dann sprechdenkend weiter. Wer Sie selbst immer alles erklären oder eine Lösung präsentieren, müsse Ihre Kollegen gar nicht erst denken.

Nehmen Sie sich Zeit dafür, die Gründe zu verstehen, die hinter menschlichen Fehlverhalten stecken. In jedem Konflikt hat jeder Beteiligte ein subjektiv berechtigtes Anliegen. Finden Sie dieses Anliegen heraus. Nur wenn Sie es ver stehen, können Sie einen Konflikt konstruktiv lösen.

6.4.3   Gewinner-Gewinner-Konfliktlösungen

Eine elegante Form, einen Konflikt auszulösen, ist die Gewinne Gewinner-Strategie. Dafür müssen zwei Voraussetzungen erfüllt sein:

Erstens entstehen Konflikte nicht aus unvereinbaren Standpunkten. D rum sind Konfliktpartner nicht zwangsläufig Gegner oder gar Feind sondern eben Partner in einer normalen Phase ihrer Zusammenarbeit.

Und zweitens prallen in Konflikten meist nicht die eigentlichen Bedür nisse, Anliegen und Ziele aufeinander, sondern bereits Lösungs- od Realisierungsversuche bezüglich dieser Anliegen, Ziele und Werte. Ko fliktpartner müssen daher lernen: es gibt für jedes Bedürfnis, jedes Zi mehrere Lösungen. Jeder Konfliktpartner hat also die Chance auf Bedür nisbefriedigung und Zielerreichung ohne dies dem anderen zu verwehre und ihn damit zum Verlierer zu machen.

Glücklicherweise verlaufen in der Praxis Konfliktlösungen zwischen Me schen mit guten Beziehungen häufig spontan und unbewusst auf d Gewinner-Gewinner-Lösung hinaus. Andererseits können Sie diese Pri zipien auch gezielt anwenden. Dann wird die konstruktive Art der Konfliktbewältigung ein zweiseitiger, vernunftgesteuerter Problemlösungsprozess. Sie brauchen nicht passiv zu verharren, sondern können aktiv die Strategie anwenden.

Der wichtigste Schritt besteht darin, die eigentlichen Bedürfnisse, die zum Konflikt geführt haben, zu erkennen, zu definieren und gegenseitig zu verstehen. Es geht darum, aus allen Konfliktpartnern Gewinner zu machen, die sich mit Verantwortung an Konfliktlösungen beteiligen. Engagement und positive Beziehungen verstärken diesen Ansatz.

Deshalb gewinnen Sie aus Konflikten Produktivität und vergeuden Ihre Kräfte nicht mit Machtdemonstrationen. Denn Abwehrverhalten gefährdet die Produktivität und macht sie eventuell sogar zunichte.

> Häufig kommt es spontan zu Konfliktlösungen. Menschen mit guten Beziehungen fällt die Gewinner-Gewinner-Lösung leichter. Das ist ein zweiseitiger, vernunftgesteuerter Problemlösungsprozess. Die Prinzipien können Sie gezielt anwenden, indem Sie die Bedürfnisse gegenseitig erkennen, definieren und verstehen, die zum Konflikt geführt haben.

6.4.4 Überstehen der Konfliktphase

Hier eine Liste von Tipps, die das erleichtern können

– Sprechen Sie viel mit den anderen Teammitgliedern, um diese schwierige Phase zu erleichtern. Weisen Sie darauf hin, dass dies eine normale Phase ist. Haben Sie keine Angst vor der Entladung der angestauten Aggressionen.

– Fordern Sie Wash-Up-Sitzungen, in denen die geplanten Ziele und der erreichte Erfolg bilanziert werden können. Sprechen Sie dabei auch über die Spielregeln, die Schwierigkeiten und das weitere Vorgehen. Vermeiden Sie persönliche Anschuldigungen. Versuchen Sie, die Probleme zu versachlichen. Fordern Sie bei Überlastung ein Umverteilen der Aufgaben.

– Fordern Sie konstruktiv gegenseitige Hilfe, Toleranz, Akzeptanz von persönlichen Unterschieden und appellieren Sie an das Verantwortungsbewusstsein jedes Einzelnen. Scheuen Sie sich auch nicht vor Einzelgesprächen, wenn ein Problem an einem Einzelnen hängt.

Feiern Sie jeden Erfolg und machen Sie ihn öffentlich. Erfolg ist sehr mot
vierend. Denken Sie sich Rituale aus, durch die Sie die Erfolge mit de
Kollegen feiern können. Rituale helfen auch über schwierige Situatione
hinweg.

Sie als Mitarbeiter entscheiden darüber, ob sie wollen oder nicht. Motiv⸱
tion heißt dann vor allem, sich nicht demotivieren lassen!

Machen Sie sich einen guten Umgangsstil zu eigen und gehen Sie m
gutem Beispiel voran. Platzieren Sie ein „Danke" und „Bitte" freundlic
und deutlich. Wenn Sie beides durch ein Lächeln unterstützen, wird ni⸱
mandem mehr entgehen, dass die Freundlichkeit wieder Einzug ins Bü⸱
gehalten hat und alle werden Ihrem guten Beispiel hoffentlich bald folge⸱

Setzen Sie auf persönliche Ansprache und nennen Sie Ihren Gespräch
partner häufiger beim Namen. Dies ist nicht nur aus Höflichkeitsaspekte
zu empfehlen. Egal, ob bei der Begrüßung von Geschäftspartnern, i
Laufe schwieriger Verhandlungen oder einfach im freundschaftliche
Umgang mit Kolleginnen und Kollegen: Der Name ist Trumpf und öffn
Türen zu mehr Verständnis und Vertrauen.

Erkennen Sie: der Konflikt ist nichts anderes als ein missglückter Lösungsver
such. Sprechen Sie viel mit den Teamkollegen. Es ist gut, Probleme zu versach
lichen. Ein angenehmer Umgangsstil ist von Vorteil. Feiern Sie jeden Erfolg.

6.5 Konfliktkönig werden

Gewöhnen Sie sich an, bei Ihrer Wortwahl darauf zu achten, dass Sie v⸱
allem partnerorientierte Worte verwenden. Diese Wortwahl steht im G
gensatz zu einer ich-orientierten Argumentation. Sie zeigen damit de⸱
Gesprächspartner seinen Nutzen auf.

Diese Sprechweise ist im Team nützlich. Sie werden bald merken, da⸱
der andere ganz anders reagiert. Hilfreich ist diese Sprechweise au⸱
beim Kundenumgang.

Tabelle 6-1: Ich-bezogene und partnerschaftliche Argumentation

Ich-bezogene Argumentation	Partnerschaftliche Argumentation
Ich schlage vor ...	Was würden Sie davon halten, wenn Sie die Wahl haben ...
Wir bieten Ihnen ...	Sie haben folgenden Nutzen ... Das erhöht den Wert von ... Sie können in Anspruch nehmen ...
Man sollte darauf achten ...	Wichtig ist es ... Bitte achten Sie auf ...
Ich bin der Meinung, dass ...	Was meinen Sie ... Wie stehen Sie dazu ... Was fällt Ihnen dazu ein ...
Ich kann Ihnen beweisen ...	Haben Sie Interesse an einem Beispiel ... Sie können das nachvollziehen, wenn ich Ihnen ...
Wir empfehlen daher ...	Nutzenhinweis, Erfolg Möchten Sie nicht lieber ...
Ich versichere Ihnen ...	Seien Sie sich ... das klappt auf jeden Fall ... Sie können damit rechnen ...
Man sollte auf jeden Fall ...	Empfehlenswert ist es für Sie ... Sie könnten sich jetzt entscheiden ...
Ich meine ...	Sind Sie nicht auch der Meinung ... Wie ist Ihre Meinung ...
Man darf keinesfalls ...	Beachten Sie ... Sehen Sie auch dieses Risiko ...

Ihre Gesprächspartner kaufen nicht Ihre Produkte, Ideen oder Dienstleistungen, sondern die Vorstellung davon, wie sie sich fühlen werden, wenn sie davon Gebrauch machen. Es ist immer hilfreich, viele Frageformen zu verwenden. Mit offenen Fragen gewinnen Sie im Team viele Informationen. Ihr Gesprächspartner fühlt sich ernstgenommen und wichtig. Über

geschlossene Fragen können Sie abklären, ob Sie in die richtige Richtun
denken. Offene Fragen zielen auf Gemeinschaft und konstruktives Zu
sammenarbeiten.

Ihre Gesprächspartner kaufen die Vorstellung davon, wie sie sich fühlen wer
den, wenn sie Ihre Dienstleistung oder Ihr Produkt benützen. Verwenden Sie
Fragen und Ihr Gesprächspartner fühlt sich wichtig.

Abbildung 6-3: Konfliktkönig

7 Im Team wachsen

Nun haben Sie einiges über Konflikte, ihren Hintergrund und die Möglichkeiten, sie zu lösen, erfahren. Vielleicht sind Sie über die Aussage erstaunt gewesen, dass wir uns über Konflikte weiterentwickeln. Haben Sie zur Kenntnis genommen, dass sie geradezu prädestiniert sind, uns in unserer Entwicklung voranzubringen? Nun möchte ich Ihnen eine andere Frage stellen – deren konsequente Beantwortung übrigens auch wieder zu Konflikten führen kann.

Haben Sie eigentlich genügend Zeit für die Dinge, die Ihnen wirklich wichtig sind? Oder werden Sie ständig von anderen Aufgaben in Anspruch genommen? Wenn es Ihnen schwer fällt, sich den Anliegen anderer zu entziehen, sollten Sie sich über die Gründe dafür klar werden – und zum Beispiel üben, „nein" zu sagen, wenn Sie „nein" meinen.

7.1 Standfestigkeit – manchmal müssen Sie Nein sagen

Eine Möglichkeit, sich standfest zu zeigen und die eigenen Interessen zu priorisieren, ist das Nein-Sagen, bei dem manche Menschen regelrecht Sprachprobleme entwickeln, weil Sie das Wörtchen „Nein" kaum über die Lippen bringen.

Vorsicht: Die Ja-Sagen-Falle

„Können Sie wohl die dringende Ausschreibung von der erkrankten Kollegin übernehmen?" „Kannst du auf dem Heimweg noch schnell bei der Buchhandlung vorbeigehen?" Dabei wollten Sie in Ruhe das Telefonat mit Ihrem wichtigsten Kunden führen und anschließend frühzeitig nach Hause gehen.

Gehören Sie zu den Menschen, die sehr wohl wissen, wo ihre Prioritäten im (Arbeits-) Leben liegen? Aber Sie haben trotzdem kaum Zeit für die Ihnen wirklich wichtigen Dinge? Dann tappen Sie wahrscheinlich häufig in die Ja-Sagen-Falle: „Nein" meinen und „Ja" sagen.

Das halbherzige Ja-Sagen entgegen den eigenen Interessen und dem tatsächlichen Wollen hat verschiedene Gründe. Sehr viele Menschen kom-

men unabhängig von ihrer Wesensart oft in die Situation, einfach nich
nein sagen zu können.

Gründe für das Ja-Sagen

- Regeln aus der Kindheit: Kinder werden dazu erzogen, ja zu sagen
  wenn sie etwas tun sollen.
- Das geschmeichelte Selbstwertgefühl – gebraucht zu werden, tut gut.
- Allein die Wahlmöglichkeit – „Tun oder Nicht-Tun?" – löst die Furcht
  aus, möglicherweise etwas zu verpassen.
- Die Angst, durch Nein-Sagen Ablehnung oder sogar Liebesentzug zu
  riskieren.
- Der Wunsch, das gute Auskommen oder die angenehme Atmosphäre
  nicht zu stören.
- Der Zwang, sich ständig zu beweisen.
- Die Unfähigkeit, die Dauer von Aufgaben richtig einzuschätzen.

Fangen Sie an – im Rahmen Ihrer beruflichen Möglichkeiten – nur zu tun
was Sie wirklich wollen

Erster Schritt zum Nein sagen

Machen Sie sich bewusst, warum Sie sich zu Zusagen hinreißen lassen, d
Sie hinterher bereuen. Prüfen Sie:

- In welchen Situationen sage ich häufig vorschnell ja?
- In welchen Situationen finde ich es besonders schwierig, nein zu s
  gen?
- Was sind die Gründe dafür?

Lernen Sie durch den ersten Schritt Ihre Anfälligkeit für bestimmte An
fragen oder Situationen kennen. Meist unbewusst spüren und nutzen a
diejenigen Personen, die ständig zusätzlich Ihre Zeit beanspruchen un
Sie von Ihren vorrangigen Vorhaben ablenken, dass Sie bei Ihnen offen
Türen einrennen.

Zweiter Schritt zum Nein sagen

Sensibilisieren Sie sich dafür, gerade in Situationen, in denen Sie oft J
Sagen, zuerst an Ihre eigenen Ziele zu denken. Wenn Sie diese erreiche
wollen, müssen Sie das Nein-Sagen lernen und konsequent – besonders
Ihrer speziellen „Gefahrenzone" für ein vorschnelles Ja – überprüfen, w
Sie wirklich wollen.

Dritter Schritt zum Nein sagen

Berücksichtigen Sie in der konkreten Situation, in der eine zusätzliche Aufgabe oder ein störendes Anliegen an Sie herangetragen wird, die folgenden Tipps:

- Vergessen Sie die Meinung, Sie könnten Anerkennung nur erreichen, indem Sie es allen recht machen.
- Sagen Sie nicht „Ja", wenn Sie den Termin dann doch nicht einhalten können.
- Sagen Sie nicht „Ja", wenn Sie den Zeitaufwand für die Aufgabe nicht abschätzen können. Bitten Sie um Bedenkzeit, informieren Sie sich über das Ausmaß der Tätigkeit und kalkulieren Sie in Ruhe die erforderliche Zeit sowie weitere Konsequenzen. Das kann sich zum Beispiel darin ausdrücken, dass Sie andere wichtigere Aktivitäten verschieben müssen.
- Sagen Sie nicht „vielleicht". Damit gehen Sie nur der Entscheidung aus dem Weg.
- Kommunizieren Sie deutlich Ihre Sichtweise. Es wird Ihnen niemand übel nehmen, wenn Sie Ihre guten Argumente für eine Absage überzeugend darlegen.
- In Ausnahmefällen bedenken Sie einen möglichen Mittelweg: Sie sagen „Ja" zu der Aufgabe, aber zu einem anderen Termin. Oder Sie übernehmen nur einen Teil der Aufgabe.

Überprüfen Sie Ihre Anfälligkeit, ja zu sagen immer wieder von Neuem. Stellen Sie Ihre eigenen Prioritäten konsequent in den Vordergrund. Sagen Sie von ganzem Herzen „Ja" oder „Nein" – damit Sie tun, was Sie wirklich wollen.

Natürlich sind nette, freundliche Kollegen der Humus, auf dem ein gutes Betriebsklima gedeiht. Hilfsbereite Kollegen mag jeder. Aber denken Sie auch daran, was leicht zu haben ist, wird nicht als wertvoll geschätzt. Wenn sich dagegen einer zurückhält und auch manchmal verweigert, dann wird er oft mehr geachtet. Helfen Sie also, wenn es für Sie und Ihre Prioritäten machbar ist, aber fallen Sie andererseits nicht in die Gefälligkeitsfalle hinein.

Abbildung 7-1: Esel

7.2 Teamkonflikte schaden dem Unternehmen

Verdeckte Konflikte in Teams hemmen den Unternehmenserfolg viel stä ker als bisher angenommen. Zu diesem Ergebnis kommt eine preisgekrö te Studie der BWL Professorin Ruth Stock-Homburg an der Universit Hohenheim.

Sie stellte unter anderem fest, dass weniger gut geführte Teams mehr Ze für ihre Aufgaben benötigen, es entstehen mehr Reibungskonflikte un der Erfolg ist deutlich geringer. Man hat herausgefunden, dass um ca. 2 Prozent profitabler gearbeitet wird, wenn die Kommunikation stimm Das ist ein enormer Wert.

In der Regel werden Führungskräfte erst dann tätig, wenn Konflikte i Team offen ausbrechen. Dabei ist dies dann nur die Spitze des Eisbergs. ihrer Studie zeigte sich, dass einzelne Teammitglieder die Stärken un Schwächen ihres Teams völlig unterschiedlich wahrnehmen.

Auf die verborgenen Konflikte, die entstehen können, bin ich schon i Kapitel Konflikte eingegangen und möchte an dieser Stelle deshalb nu noch mal ermuntern, mehr mit den Teammitgliedern zu kommuniziere Gestalten Sie die Prozesse im Team möglichst transparent. Das heiß mehr miteinander sprechen, erst recht, wenn Sie noch nicht lange zusar menarbeiten.

Nur er oder sie weiß, was dahinter steckt. Sprechen Sie mit dem Kollegen, fragen Sie ihn, wenn Sie seine Handlungsweisen nicht verstehen oder nicht nachvollziehen können, warum er die eine der anderen Entscheidung vorgezogen hat. Nur der andere kann Ihnen die Gründe nennen und es macht wenig Sinn, sich immer nur selbst Gedanken darüber zu machen oder sich gar zu ärgern und auf den Kollegen sauer zu sein, der vielleicht gar nicht weiß, warum Sie sauer sind.

Ich meine, ich freue mich, wenn Sie mich dann als Coach holen, um ihre Konflikte zu moderieren und Ihnen zur Seite zu stehen, vielleicht als Mediator zu wirken. Ich komme wirklich gerne.

Aber vieles können Sie selbst lösen, indem Sie einfach früher – ehe sich die ganze Sache aufgebauscht hat – mit ihrem Kollegen reden. Ein intensiver Austausch zwischen den Teammitgliedern ist notwendig. Es darf nicht vorkommen, dass einzelne Teammitglieder die Sozialkompetenz oder die Fachkompetenz der anderen völlig unterschätzen und deshalb die Zusammenarbeit verweigern. Scheuen Sie dabei den fachlichen Konflikt nicht. Zuviel Harmonie im Team hemmt die Kreativität.

> Sprechen Sie mit dem Kollegen, fragen Sie nach, wenn Sie seine Handlungsweisen nicht verstehen oder nicht nachvollziehen können, warum er die eine der anderen Entscheidung vorzieht. Scheuen Sie dabei den fachlichen Konflikt nicht. Zuviel Harmonie im Team hemmt die Kreativität.

7.3 Wachsen durch kollegiales Coaching

Wenn Sie in einem Team anspruchsvolle Aufgaben bewältigen müssen, ist es gut, sich auf die anderen verlassen zu können. Nicht jeder Kollege ist in der Lage, mit Eigenverantwortung und Selbständigkeit vorzugehen. Oftmals werden Sie bei Ihrer Entscheidungsfindung durch die Führungskraft nicht gerade unterstützt. Manche Leiter sind durch den erforderlichen Prozess des „Coaching" total überfordert. Gemeint ist damit die Hilfestellung, die der Manager seinen Mitarbeitern geben soll, um ihre Projekte auf „Reiseflughöhe" zu bringen.

Die Führungskraft als Coach, das heißt als Berater und Unterstützer, sollte Interesse und Engagement für die Bedürfnisse und Ziele ihrer Mitarbeiter zeigen. Sie sollte Hindernisse und Probleme erkennen und den Mitarbei-

tern Hilfen anbieten. Dann sucht man nach gemeinsamen Problemlösun
gen.

Nachdem ich nun schon so viele Jahre Teams und Führungskräfte coach
muss ich den Führungskräften leider ein ziemlich schlechtes Zeugnis au
stellen. Der Trend geht ganz stark in die Richtung, dass Teams sich selb
leiten müssen, weil die dafür angestellte Führungskraft mit den Prozesse
und den persönlichen Bezügen oft überfordert ist. Überwiegend sind d
Leiter fachlich kompetent, aber es fehlt ihnen an der Kompetenz, Mer
schen anzuleiten. Sie schaffen es häufig nicht, persönliches von fachliche
zu trennen. Durch diesen Mangel bei den Führungspersonen ist oftma
sogar die Zielerreichung in Gefahr.

Was können Sie in Ihrer Position als Teammitglied unternehmen? Wicht
ist es hierbei, offen zu kommunizieren und sich mit Fragen auseinande
zusetzen. Sinnvoll ist es, die Gespräche nach den Regeln des Beratungsg
sprächs zu führen. Im Folgenden beschreibe ich Ihnen wichtige Aspek
dieser Vorgehensweise, bei der Sie Ihre eigene Vorbereitung durch eir
Selbstbefragung gewährleisten können.

7.3.1   Selbstbefragung

- Benennen Sie das Problem mit einem Satz. Wie lautet der?
- Was möchten Sie mit diesem Gespräch erreichen?
- Wenn das Gespräch für Sie einen Gewinn bringen würde, welch
  könnte das sein?

Dann gehen Sie auf den Kollegen zu und unterstützen ihn durch folgenc
Fragen und Hinweise:

Fragen zur Problembeschreibung und -analyse

- Beschreiben Sie eine konkrete Situation, in der sich das Problem zeigt
- Benennen Sie alle beteiligten Personen.
- Schildern Sie den genauen Verlauf.
- Beschreiben Sie das Verhalten der beteiligten Personen.
- Beschreiben Sie Folgen und Auswirkungen, die aus diesem Proble
  entstehen.
- In welcher Situation und unter welchen Bedingungen tritt das Proble
  auf?
- In welcher Situation und unter welchen Bedingungen tritt es nicht au
- Worin besteht der Unterschied?

Wichtig ist es auch, herauszufinden, was möglicherweise im Vorfeld des aufgetretenen Problems geschehen ist, weil dies Hinweise auf die Problementstehung und auf die Problemlösung geben kann.

Fragen zur Vorgeschichte des Problems

- Seit wann besteht das Problem?
- Gab es wichtige Ereignisse im Umfeld?
- Wie entwickelte sich das Problem bis heute?
- Gab es Lösungsversuche? Mit welchen Ergebnissen?
- Welche Gründe führten zur Nicht-Lösung?

Kein Problem entsteht losgelöst von seiner Umgebung. Es gibt Abhängigkeiten, die in Zusammenhang mit Personen und möglicherweise mit Ihnen selbst stehen. Jedes Problem hat auch immer positive Aspekte, die davon abhalten, sich um seine Lösung zu kümmern.

Fragen nach den Zusammenhängen

- Wozu oder wem könnte eine Aufrechterhaltung des Problems dienen?
- Wer könnte was tun, um das Problem aufrecht zu erhalten oder zu verstärken?
- Wer oder was müsste sich wie verändern, wenn das Problem gelöst werden sollte?

Sinnvoll ist es, sich bei einem Problem nicht nur auf die gegenwärtige Situation oder auf die Analyse seiner Entstehung in der Vergangenheit zu konzentrieren. Es ist hilfreich, einen Blick in die Zukunft zu werfen, um herauszufinden, was sich ergibt, wenn man nicht handelt.

Fragen in Hinblick auf die Zukunft

- Was wären die Folgen, wenn das Problem nicht gelöst werden würde (in 1, 2, 3, 10 Jahren)?
- Was wäre die Ideallösung?
- Welche Hindernisse werden eventuell bei einem Realisierungsversuch der Ideallösung auftauchen?
- Wie lässt sich das Problem nach der vorangegangenen Analyse benennen?

In der Regel kommt es nach oder durch eine kollegiale Befragung recht schnell zu mehreren Lösungsideen.

Fragen zu Lösungsideen

- Welche Lösungsschritte lassen sich aus der Problemanalyse erkennen?
- Wie lassen sie sich realisieren?
- Welche Schwierigkeiten könnten dabei auftreten?
- Wie könnten Sie sich selbst an der Problemlösung hindern?
- Was könnten Sie oder andere tun, um die Realisierung der Lösungs schritte voranzutreiben?

Wenn Sie als Teammitglied auf diese Weise vorgehen, arbeiten Sie i besten Sinne konstruktiv an der Lösung von Problemen. Mir ist schon kl dass Sie dadurch bestehende Führungsdefizite auffangen und eigentlic selbst schon Führungsverantwortung übernehmen. Durch meine vielfält gen Beratungen ist mir aber auch deutlich geworden, dass aktive Mer schen eher handeln als resignieren möchten. Wenn es Ihnen gelingt, d beschriebenen Handlungsweisen umzusetzen, haben Sie dadurch ei konkretes Verhaltensinstrument gewonnen.

Ich kann Ihnen versichern, dass sich die Effizienz Ihres Teams enorm ve bessern wird. Und warten Sie es ab – wenn Sie solche Fähigkeiten entw ckeln und pflegen, werden Sie in absehbarer Zeit selbst in eine Leitung position überwechseln und es dann wahrscheinlich besser machen, we Sie sich schon viele Gedanken über Zusammenarbeit gemacht haben.

Verbessern Sie Ihr Kommunikationsverhalten über kollegiales Coaching und Ih Team wird circa ein Viertel produktiver werden.

7.3.2   Meinungsbildung und Entscheidungen in Gruppen

Vielleicht kennen Sie folgendes Phänomen: Der Chef verkündet in eine Meeting bestimmte Strategien, alles nickt ergeben und gleich vor der Tü wird schon gelästert. Oder ein anderes Phänomen: in einer Sitzung sche nen sich alle einig zu sein. Es gibt keinen Wortbeitrag, der darauf hinde tet, dass man sich uneinig ist und es Unstimmigkeiten gibt. Man ge zufrieden auseinander. Aber im Nachhinein beobachten Sie, dass der Kc lege Xander etwas ganz anders tut, als abgesprochen. Er tut dies, obwo doch alles ganz klar war? War es wirklich klar? Was ist da eigentlich a gelaufen?

Es gibt noch einen anderen Effekt: Manchen Menschen gelingt es, in einer Gruppe die Meinung wieder zu drehen, obwohl die Entscheidung schon gefallen ist. Vielleicht kennen Sie den Minoritätseinfluss aus dem Filmklassiker: „Die zwölf Geschworenen". Hier gelingt es einem einzelnen Geschworenen – und zwar ist er der einzige, der von der Unschuld des Angeklagten überzeugt ist – die anderen Geschworenen ebenfalls zu überzeugen. Obwohl die Mehrheit fest an die Schuld des Angeklagten glaubt, gelingt es ihm, dass die anderen schließlich an die Unschuld des Angeklagten glauben.

Mit der Meinungsbildung in Gruppen hat sich die Psychologie schon vielfach befasst. Man hat erkannt, dass es einen Majoritätseinfluss gibt, also eine Gruppe beeinflusst die anderen durch Gruppendruck und es gibt den Minoritätseinfluss, bei dem ein einzelner eine Gruppe beeinflusst. Beide Einflüsse sind in Zusammenhang mit Teamarbeit interessant. Vor allem deshalb, weil die Phänomene manches schwer nachvollziehbare Verhalten, trotz klarer Absprachen, besser erklären.

Ich möchte ein Beispiel bringen: In einer Teamsitzung wurde alles besprochen, so glaubte Frau Werber zumindest. Die Diskussion war nicht einfach gewesen, dennoch hatte man Herrn Schulze, der von Anfang an gegen die Lösung war, schließlich überzeugen können. Es ging um Fragen der Projektabwicklung, die tatsächlich unterschiedlich gesehen werden können, was auch Frau Werber klar war. Nach der Teamabsprache stellte Frau Werber aber fest, dass sich Herr Schulze nicht an die Absprachen hielt und merkwürdigerweise verhielt sich jetzt auch Herr Blum ganz anders als abgesprochen.

Das haben Sie sicher auch schon beobachtet: Jemand sagt A und tut B. Wie kann man damit in Zukunft umgehen – abgesehen von der Frage, ob es nicht generell Mitarbeiter gibt, die immer andere Dinge tun als mit ihnen vereinbart worden ist. Wie kann man das verhindern?

An dieser Stelle möchte ich Sie mit einem interessanten Experiment vertraut machen, das sich mit dem sozialen Einfluss beschäftigt. Der Psychologe Solomon Asch hat in seinem Konformitätsexperiment den Majoritätseinfluss beschrieben. Er zeigt, wie der einzelne durch eine Gruppe beeinflusst werden kann. Sicherlich haben Sie diesen Effekt im Alltag auch schon beobachten können.

Asch hat dieses Experiment in den späten 50ger Jahren des letzten Jah\
hunderts durchgeführt. Auf einem Bildschirm wurde eine Linie gezeig\
und später kamen drei weitere hinzu. Die Kandidaten waren aufgeforde\
einzuschätzen, welche Linie gleich groß wie die Referenzlinie und welch\
größer oder kleiner ist.

Der schlaue Experimentleiter führte das Experiment folgendermaße\
durch: er ließ die Testperson in einen Raum kommen, wo schon viele an\
dere Personen saßen. Diese waren durch den Experimentleiter angewie\
sen worden, falsche Angaben zu nennen, so sagten sie zum Beispiel, d\
Linie A sei kleiner als die Linie B, obwohl das ganz klar eine falsche An\
gabe war. Was die Testperson nicht wusste, sie war die einzige Person, d\
getestet wurde. Jeder bekundete seine Aussagen öffentlich. Als die Tes\
person an der Reihe war und sie saß ziemlich weit hinten, machte s\
meistens ebenfalls falsche Angaben.

Viele Testpersonen beugten sich dem gefühlten Gruppendruck, obwo\
sie ganz klar erkannten, dass die Linien falsch definiert waren. Das Exp\
riment lässt sich gut auf andere Bereiche übertragen. Denn das Prinzi\
unter Gruppendruck nachzugeben und später die ursprüngliche Absic\
beizubehalten, kennen Sie alle.

Bei Gruppenentscheidungen herrscht oft kein wirkliches Commitme\
(Übereinstimmung), darunter leidet die Teamarbeit stark. Führungskräf\
haben eigentlich die Aufgabe, Mitarbeiter von der Notwendigkeit b\
stimmter Aspekte zu überzeugen, denn Überzeugung ist in jedem Fall d\
beste Motivation. Der typische Führungsfehler, an die Mitarbeiter zu a\
pellieren oder etwas zu verkünden und dann zu glauben, alles sei kla\
passiert regelmäßig. Umso größer ist dann die Überraschung, wenn d\
Mitarbeiter und Mitarbeiterinnen völlig anders handeln.

Sicher kann die eine oder andere Aufgabe verordnet werden. Wenn ab\
wichtige Entscheidungen von den Mitarbeitern nicht tatsächlich akze\
tiert und verstanden werden, sondern die Zustimmung nur unter Druc\
erzwungen wird, dann passiert folgendes: Handlung A wird in d\
Drucksituation zugesagt, jedoch Handlung B wird tatsächlich ausgefüh\
Beobachtet werden kann auch, dass Handlung A ohne jegliches Engag\
ment abgeliefert wird. Teamarbeit ist auf diese Art wenig erfolgreich.

Überzeugen Sie sich in Entscheidungssituationen, dass tatsächlich Übereinstimmung erzielt wurde. Bei der Meinungsbildung in Gruppen gibt es den Majoritätseinfluss, wenn eine Gruppe Einzelne durch Gruppendruck beeinflusst. Und es gibt den Minoritätseinfluss, bei dem ein einzelner eine Gruppe beeinflusst. Die Einflüsse erklären unverständliches Verhalten, das trotz klarer Absprachen beobachtet werden kann.

Mit einem weiteren Beispiel möchte ich ein anderes Phänomen schildern: In einer Softwarefirma stand eine wichtige Präsentation bevor. Das Team um Herrn Minolli hatte hervorragend gearbeitet. Ein paar Tage hatten sie sich sogar regelrecht abgeschottet, um in Ruhe arbeiten zu können. In der Präsentation erwies sich allerdings, dass die vorgeschlagenen Ideen gänzlich an den Bedürfnissen des Kunden vorbeigingen.

Man war von völlig falschen Voraussetzungen ausgegangen. Dann stellte man fest, dass der Vertriebsmitarbeiter schon eine korrekte Analyse der Kundenbedürfnisse durchgeführt hatte. Aber irgendwie waren diese Details im Verlauf der intensiven Vorbereitung und Diskussionen völlig verloren gegangen. Seltsam...

Entscheidungsprozesse in Gruppen funktionieren ab und zu eigenartig. Manchmal hat man das Gefühl, es geht überhaupt nicht voran, es gibt keine Bewegung, keinen Fortschritt. Dann wiederum arbeiten Gruppen in einem hervorragenden Teamklima, es wird schnell und richtig entschieden, man unterstützt sich, ist produktiv, ist in gewisser Weise wie „gedopt" und der gewünschte Flow tritt auf. Nicht immer lässt sich mit Sicherheit sagen, woran es jeweils liegt. Auf jeden Fall ist es wichtig, sich zu versichern, ob wirklich eine Übereinstimmung besteht oder ob Sie nur annehmen, es sei so. Legen Sie lieber noch eine weitere Schleife ein, um sicher zu stellen, dass alle dasselbe meinen. Mit Schleife meine ich: eine weitere Kommunikationseinheit – sprechen Sie miteinander und vergewissern Sie sich.

7.4   Was möchten Sie?

Jeder Mensch hat Ziele, die für sich definiert werden können, zum Beispiel nach meiner AKKURAT-Methode. In unserem Zusammenhang sind vor allem Entwicklungsziele gemeint. Im Umgang mit anderen kann man sich folgende Ziele setzen:

- ich will eine größere soziale Kompetenz erreichen
- ich will in der Gruppe geachtet und integriert sein
- ich will tragfähige, enge zwischenmenschliche Beziehungen haben
- ich will ein besseres Stehvermögen entwickeln, um mich zu behaupten und durchzusetzen
- ich will besser einschätzen lernen, wer mir weiterhelfen kann
- ich will auf sozialen Druck anders als bisher – zum Beispiel trotzig reagieren

7.4.1   Veränderungsplan nach der AKKURAT-Methode

A = Aufschreiben

Zuerst schreiben Sie auf, was Ihre persönlichen und beruflichen Ziele im neuen Team sind.

Die schriftliche Fixierung hat den Vorteil, dass Sie es nachlesen können. Sie halten sich damit selbst in der Spur. Schreiben Sie auch Ihre Fortschritte auf. Sie können tägliche oder wöchentliche Eintragungen vornehmen oder nur wichtige Ereignisse festhalten. Folgende Aspekte können Sie beschreiben:

- Wie sieht es aus, was kennzeichnet die aktuelle Situation?
- Wie haben Sie sich verhalten?
- Wer war außerdem beteiligt?
- Was haben die anderen Beteiligten gemacht?
- Was haben Sie gedacht und empfunden?
- Womit waren Sie zufrieden – eigenes Verhalten und Handeln?
- Was hätten Sie besser machen können?

K = Kalkulierbar

Das bedeutet, definieren Sie Etappenziele, denn über kleine Schritte wird ein großes Ziel kalkulierbar.

Auch der längste Weg beginnt mit dem ersten kleinen Schritt. Ein Ziel könnte sein, Sie möchten sich in Ihrem neuen Team gut integrieren. Die Etappenschritte erleichtern es Ihnen, den Weg zum Ziel zu finden.

K = Konkret

Gleichzeitig benennen Sie einzelne Etappenziele möglichst konkret und detailliert.

Unser Gehirn kann konkrete Bilder besser verarbeiten als Worte oder abstrakte Konzepte. Gar nichts kann es mit unklaren, verwaschenen Äußerungen anfangen. Wenn es Ihr Ziel ist, sich im Team besser zu behaupten und nicht so oft klein beizugeben, dann können Sie auch über Schlenker dorthin gelangen. Sie können über eine Weiterbildung Ihre Kompetenzen erhöhen. Damit verschaffen Sie sich Sicherheit, können die neuen Fähigkeiten ausprobieren und trainieren. Somit wachsen sie in neue Rollen hinein.

U = Unbedingt positiv formulieren

Beschreiben Sie Ihre Ziele positiv.

Der Grund dafür liegt darin, dass unser Gehirn sich „nicht" Formulierungen schlechter merken kann. Also schreiben Sie: „Ich will mich gut behaupten können" statt „Ich lasse mich nicht mehr unterbuttern" oder „Ich will komplexere Aufgaben erfüllen" statt „Ich habe keine Lust mehr, die niederen Jobs runterzureißen".

R = Realisierbar

Setzen Sie sich realistische Ziele, denn die sind wirksamer, weil man sie erreichen kann.

Durch die sichtbaren Erfolgserlebnisse werden Sie motiviert und es entwickeln sich besondere Kräfte in Ihnen. Sie können sich vornehmen, sich montags bei jedem Teamkollegen zu melden und ein paar Worte mit ihm zu wechseln, egal ob Sie ihn mögen oder nicht.

A = Attraktiv

Ein Ziel muss attraktiv sein, nur dann aktiviert und motiviert es Sie.

Ganz klar ist unser gemeinsames Thema: „Sie möchten konstruktiv im Team arbeiten" ein attraktives Ziel, das zu erreichen sich lohnt. Registrie-

ren Sie Ihre Fortschritte und belohnen sich dafür. Das hält Sie besser i
der Spur. Gegebenenfalls entscheiden Sie sich für eine andere Strategie.

Es ist oft schwierig, auf ein fernes Ziel hinzuarbeiten, weil dann auch di
Belohnung in weiter Ferne liegt. Indem Sie sich attraktive Zwischenziel
setzen, die Sie allmählich Ihrem Ziel näher bringen, können Sie sich je
weils bei Erreichung des Etappenziels belohnen. Das kann zum Beispi
sein, Sie möchten in Zukunft selbstbewusster auftreten – eine Fähigkei
die Sie nicht nur beruflich weiterbringt – also sehr motivierend. Nun kör
nen Sie sich als ersten kleinen Schritt überlegen, dass Sie sich von nun a
in jeder Besprechung mindestens einmal zu Wort melden. Das schafft sel
schnelle, sichtbare und attraktive Etappenergebnisse. Nach Feieraben
gönnen Sie sich etwas Schönes – gehen zum Beispiel ins Theater – un
belohnen sich für jeden kleinen Erfolg.

T = Terminiert

Der letzte entscheidende Schritt bei den Zielkriterien ist die Terminierun;

Erst beim geplanten Termin ist messbar, wie weit Sie gekommen sin
Dann können Sie kontrollieren, ob Sie schon alles geschafft haben od
was noch zu tun ist.

Geben Sie Ihrem Gehirn ein detailliertes Zielbild. Nehmen wir an, S
wären ein sehr zurückhaltender Mensch, der schwer Anschluss bekomm
Stellen Sie sich nun klar vor, wie Sie sich an andere Teamkollegen wende
und mit ihnen über das neue Projekt und die bevorstehenden Aufgabe
unterhalten.

Assoziieren Sie den Zielzustand, wie Sie sich als ein aktives Teil des Gar
zen fühlen. Sehen Sie vor Ihrem geistigen Auge, wie der Kollege, zu der
Sie zuerst gehen, Sie mit einem Lächeln anschaut und mit einem freundl
chen Wort begrüßt, wie er Ihnen aufmerksam zuhört. Denken Sie an d.
gute Gefühl, mit dem Sie nach dem kleinen Gespräch wieder weitergehe
Malen Sie sich aus, wie Sie später Kollegen grüßen, Sie sich unterhalte
und gemeinsam in die Kantine essen gehen. Lenken Sie über ähnlich
Bilder und Vorstellungen Ihre gesamte innere Aufmerksamkeit in Ricl
tung auf Ihr Ziel.

Wer seine Kräfte so auf sein Ziel bündelt, kann seine ganze Energie ur
Konzentration mit hoher Effizienz einsetzen. Er kann dann immer wied
überprüfen und messen, ob er sich noch auf der Ziellinie befindet. Geg

benenfalls müssen weitere Etappenschritte eingeschoben werden bis man bei seinem Ziel angelangt ist.

Hier schreiben Sie auf, was Sie wann erreichen möchten. Halten Sie sich daran und stimmen Sie Ihr Vorgehen danach ab. Mit der Hilfe von Visualisierungen kann Ihnen das leichter gelingen. Merken Sie sich folgende Formeln für die Visualisierung: Wenn ich mein Ziel erreicht habe, was sehe ich, was höre ich, wie fühlt sich das an, wie riecht es?

Indianisches Sprichwort:

„Ein Mann ohne Ziel ist wie ein Speer ohne Spitze."

Benützen Sie die AKKURAT-Methode, um Ihre Entwicklungsziele im Team voranzutreiben und zu erreichen.

7.5 Ja, wenn ich das gewusst hätte

Nicht nur Führungskräfte überschätzen oft ihre Kommunikationsbereitschaft. Sie glauben, sie hätten richtig informiert ohne zu überprüfen, ob dies wirklich zutrifft. Auch auf Mitarbeiterebene tritt dieses Problem häufig auf. Unterschätzt wird hierbei das subjektive Informationsbedürfnis jedes Menschen. Informationswünsche werden nicht erfragt und nicht erkannt. Mangelnder Austausch führt folgerichtig zu Kommunikationsstörungen.

Bei der Informationsweitergabe wählen viele die falschen Worte. Der Gesprächspartner reagiert dann gekränkt, abweisend, ärgerlich oder fühlt sich missachtet.

Eine Ursache von Konflikten sind Du/Sie-Aussagen:

– „Können Sie nicht besser aufpassen!"
– „Sie glauben doch nicht, dass wir so weiterkommen."
– „Das warst du, ich habe dich genau gesehen."
– „Jetzt sind Sie schon so lange bei uns und wissen in der Abteilung immer noch nicht Bescheid!"
– „Sie mit Ihren Vorschlägen, Schnee von gestern, haben wir alles schon gehabt!"

Wenn wir den Gegenüber nicht ins Gespräch einbeziehen, ihm lediglich Sachverhalte zuschreiben, ist ein Konflikt programmiert. Dieser muss sich

nicht sofort äußern, viele fressen Kommunikationsprobleme in sich hinei
Wie Sie schon gehört haben: wird ein Konflikt nicht als solcher erkanr
und angesprochen, können Arbeitsabläufe negativ beeinflusst werden.

Es sind oftmals ganz kleine Äußerungen, die den anderen treffen. Oft i
der Verursacher sich dessen gar nicht bewusst: kleine Ursache, groß
Wirkung.

Du/Sie Aussagen und Folgen

- Sie verursachen Schuldgefühle.
- Sie werden als Tadel, Kritik, Ablehnung empfunden.
- Der andere fühlt sich missachtet.
- Sie erzeugen Widerstand.
- Sie werden als Bestrafung empfunden.

Zum Glück gibt es ebenso einfache kleine Umformulierungen, mit dene
man den Äußerungen die Spitze nehmen oder das Gift entfernen kan
Ich möchte allerdings nicht verschweigen, dass Sie hier einen Umdenl
prozess in Gang setzen müssen. Nur mit dem Umdenken wird es Ihne
gelingen, Ich-Botschaften zu formulieren.

Alternative: Die Ich-Botschaft

Die Ich-Botschaft bezieht die eigenen Empfindungen, Wünsche und So
gen mit ein. Dadurch wird der Sender, seine Aussage, Teil des Gesch
hens. Er lässt den Partner wissen, wie es ihm selbst in bestimmten Situa
onen geht. Drei Aussagen charakterisieren die Ich-Botschaft:

1. Verhaltensaussage: Ich teile das Verhalten mit, das mich stört.

2. Gefühlsaussage: Ich teile mit, wie ich mich dabei fühle.

3. Wirkungsaussage: Ich teile mit, wie das Verhalten des Partners a
mich wirkt und weshalb ich ihn um die Änderung seines Verhaltens bitt

Beispiel: Umwandlung von einer Du/Sie-Aussage in eine Ich-Aussage

Du/Sie-Aussage „Jetzt sind Sie schon so lange bei uns und wissen in d
Abteilung immer noch nicht Bescheid!"

Ich-Aussage: „Frau Günaydin, Sie sind ja nun seit drei Monaten bei ur
nun bin ich wegen Ihrer Frage ein wenig irritiert und überlege, ob S

schon genügend Einweisung bekommen haben. Scheuen Sie sich nicht auf mich zuzukommen und sagen mir bitte, wo ich Sie unterstützen kann."

Es ist zwar weitaus schwieriger, Ich-Aussagen zu formulieren, aber finden Sie nicht auch, dass die Aussage sich so viel besser anhört? Sie vermeiden dadurch Konfrontationen. Für Frau Günaydin ist es sicher verträglicher. In Teams, in denen auf diese Art kommuniziert wird, herrscht ein besseres Klima und der Einzelne fühlt sich wohler, weil er nicht ständig in Hab-Acht-Stellung verharren muss.

> Um Arbeitsabläufe positiv zu beeinflussen bevorzugen Sie in der Kommunikation Ich-Aussagen statt Du-Aussagen. Trainieren Sie diese Form, die auf einer anderen Denkweise beruht, konsequent ein.

7.6 Manipulieren wir nicht alle?

Wie schnell trifft man im Gespräch nicht den richtigen Ton, sondern den Nerv – und zwar empfindlich. Das Geflecht aus Selbstwertgefühl, beruflicher Qualifikation und betrieblicher Anforderung ist ein Bermudadreieck, bei dem jede Motivation, jede Kommunikation auf Nimmerwiedersehen verschwinden kann.

Schwierige Gesprächssituationen sind trainierbar, und Sie sollten die Kraft des Gesprächs nutzen. Christian Morgenstern protestiert zwar:

„Groß betrachtet, ist alles Gespräch nur Selbstgespräch"

Aber Arthur Schopenhauer hält dagegen:

„Wer klug ist, wird im Gespräch weniger an das denken, worüber er spricht, als an den, mit dem er spricht. Denn sobald er dies tut, ist er sicher, nichts zu sagen, das er nachher bereut, keine Blöße zu geben, keine Unvorsichtigkeit zu begehen."

Leider missachten dies viele. Und weil das so ist, ist es wichtig, selbstbewusster zu werden, um von Äußerungen unsensibler Menschen nicht mehr getroffen zu werden. Sie sollten Gespräche deshalb folgendermaßen führen:

Ein Gespräch im Dialog führen, heißt vor allem

- den Gesprächspartner ernst nehmen
- dem Gesprächspartner zuhören
- nicht mit vorgefassten Meinungen in das Gespräch zu gehen
- vor allem zu beschreiben, statt vorschnell zu bewerten
- die Ergebnisse des Gesprächs gemeinsam zu erarbeiten

Vertrauen kann sich im Gespräch entwickeln, wenn die wichtigste Grundregeln beachtet werden:

- Nehmen Sie sich ausreichend Zeit für das Gespräch.
- Achten Sie auf einen vertrauensbildenden Gesprächsanfang.
- Halten Sie Ihre Sichtweise nicht für die objektive und einzig richtig Art, Ereignisse, Sachverhalte oder Menschen zu sehen.
- Vergangenes ist nicht zu ändern, wohl aber die Wiederholung vc Fehlern in der Zukunft.

Erinnern Sie sich immer daran, dass nicht nur was wir sagen, sondern v allem wie wir es sagen, von größter Bedeutung ist. In den 70ger Jahre des vergangenen Jahrhunderts erschütterte die 55-38-7 Regel d Psychologieprofessors Albert Mehrabian alles, was bis dahin über Kon munikation und Rhetorik galt. Seine revolutionäre Erkenntnis stellte kla dass Zuhörer nur einen geringen Teil eines Vortrags, nämlich lediglich Prozent der Inhalte erinnern. Dagegen zieht 55 Prozent der Aufmerksar keit die Körperhaltung, die Gestik und die Mimik – hier vor allem d Augenkontakt – auf sich. 38 Prozent ist der Stimme, also dem Tonfall d Redners gewidmet.

Insofern ist es entscheidender, wie Sie sprechen, was Ihr Körper über Ih Gefühle sagt, als was genau Sie dem Kollegen entgegnen. Analysieren S deshalb vor allem bei konfliktbehafteten Situationen wie sich Ihre Körpe sprache ausdrückt. Holen Sie sich hier auch immer mal wieder Feedba von Ihren Kollegen und denken Sie an den Blinden Fleck.

7.6.1   Emotionelles Verhalten

Fragt man nach der Bedeutung von Emotionen für eine erfolgreiche G sprächsführung, dann antworten viele Menschen, es wäre sinnvoll, em tionslos zu handeln. Damit meinen sie, unglücklich ausgedrückt, etw richtiges.

Kein Mensch kann emotionslos handeln, weil er in diesem Augenblick eine wichtige menschliche Eigenschaft nicht mehr besitzen würde. Deshalb ist nicht dieses Verhalten gemeint, sondern die Fähigkeit, seine Emotionen zu steuern, Herr/Frau seiner Gefühle zu sein. Wieweit man als Gesprächspartner seine Gefühle steuern muss, hängt entscheidend davon ab, inwiefern sie daran hindern, logisch zu argumentieren.

Wenn jemand im Team eine herabsetzende Bemerkung über Sie gemacht hat, müssen Sie eine Antwort geben. Lassen Sie sich Zeit zum Überlegen. Warten Sie einen Augenblick und überlegen Sie sich eine treffende Antwort. Der erste Satz Ihrer Antwort sollte nicht die Worte „ich", „mich" oder „weil" enthalten. Benützen Sie diese Worte, dann hört sich Ihre Replik defensiv oder entschuldigend an. Dies kann zu weiteren herabsetzenden Bemerkungen oder einem unangemessenen Krach führen. Als Kriterium bei Ihrer Reaktion sollte die Überlegung gelten: „Gibt mir meine Antwort ein besseres Gefühl für mich selbst?" Sie müssen verschiedene Reaktionen ausprobieren, um festzustellen, ob Sie damit zufriedener mit sich selbst werden.

Hilfreich kann es sein, sich zu überlegen, was der sachliche Aspekt Ihrer Antwort ist, dann verlieren Sie nicht so leicht den Kopf oder fühlen sich verletzt. Ein Steuern der Gefühle muss davon abhängig sein, wieweit Sie sich dem Gesprächspartner öffnen können, wie viel Verständnis er für Sie hat, ob Sie sich bei ihm geborgen fühlen können.

Kommunikation ist mehr als ein Austausch von Informationen. Stets gehen in die Kommunikation auch persönliche Beziehungen mit ein. Deshalb ist Kommunikation nicht eindimensional, wie Sie im Kapitel „Finden Sie Ihre Rolle im Team", 5.5.3 über die Kommunikation schon erfahren haben.

Ihnen wird im Beruf eine Menge Engagement abverlangt. Darüber hinaus erwartet man von Ihnen, dass Sie dieses Engagement nicht nur punktuell und in Stoßzeiten zeigen, sondern täglich, ja stündlich aktivieren. Das halten Sie jedoch nur durch, wenn Sie ganz bei der Sache sind und sich mit Freude immer wieder erneut engagieren. Dabei hilft konstruktives Arbeiten im Team ganz enorm, weil man hier eben stündlich motiviert wird und einander wieder aufbaut.

Belastend ist die Zusammenarbeit in einem Team, in dem die Chemie nicht stimmt. Was wünschen Sie sich von Ihren Teamkollegen? Was davon geben Sie selbst? Die konstruktive Teamarbeit beginnt bei Ihnen. Sie sind ein Teil des Ganzen.

Indianisches Sprichwort:

„Nicht um meinen Bruder zu besiegen, suche ich Kraft, sondern meinen größten Feind, mich selbst."

Emotionales Verhalten kann und sollte nicht unterdrückt werden, da es eine wichtige menschliche Eigenschaft ist. Trainieren Sie die Fähigkeit, Ihre Emotionen zu steuern. Über die tägliche konstruktive Teamarbeit können Sie Ihre Motivation auf einem hohen Niveau halten.

Abbildung 7-2: Ruhig bleiben

8 Work-Life-Balance

Was hat er da alles geleistet: am Montag das Licht, dienstags das Himmelsgewölbe, am Mittwoch dann Land, Meer und Pflanzen, Donnerstag schon Sonne, Mond und Sterne, am Freitag die Vögel des Himmels, die Lebewesen des Meeres. Und am Samstag schließlich alle Tiere des Landes und als Krönung der Schöpfung – den Menschen. Am Tag darauf tritt der Herr einen Schritt zurück. Er betrachtet sein Werk wohlgefällig und ruht.

So weit, angesichts der herrschenden Zeitnot, also in der gebotenen Kürze: die Schöpfungsgeschichte.

Die Erschöpfungsgeschichte des 21. Jahrhunderts wiederholt sich aktuell sehr häufig. Nehmen wir als Beispiel Joe Keller, seines Zeichens Netzadministrator in einem mittelständischen Unternehmen. Er hat sich sehr gefreut, als er bald nach dem Studium einen Arbeitsplatz bekam. Sein Studium hatte er in kürzester Zeit durchgepeitscht, immer in der Sorge, schlechter zu sein als seine Kommilitonen. Zwar war die Stelle weit entfernt von seinem Zuhause und er musste umziehen, dennoch freute er sich sehr über den erreichten Erfolg.

Leider verlor er sein bisheriges Umfeld, hatte eine Fernbeziehung zur Freundin und vor Ort noch keine neuen Bekannten. Nichtsdestotrotz ging er voller Elan an die neue Aufgabe, die er als herausfordernd empfand. Ihm war klar, dass er als Berufsanfänger mehr leisten musste als die alten Hasen. Irgendwann, so nach etwa einem dreiviertel Jahr beschleicht Joe Keller das Gefühl, dass es so nicht mehr weitergehen könne mit seinem Leben. Bei Notsituationen bis zu 20 Stunden täglich arbeiten, am Wochenende muss er auch häufig los, wenn Wartungsarbeiten vorgenommen wurden. Immer gut drauf sein, sieben Tage in der Woche. Erst später wird Keller klar, dass er keine Freude mehr empfindet, einsam in der Mitte seiner Kollegen ist. Das versteht er erst viel später. Da hat er einen Klinikaufenthalt und viele Beratungsgespräche hinter sich.

Zuerst spürt er nur diese Müdigkeit, das Gefühl der Erschöpfung, des Nicht-Genügen-Könnens. Das ist ein neuer Arbeitsplatz, sagt er sich und wenn du den schmeißt, dann bekommst du keinen neuen mehr, dam bist du weg vom Fenster. Also macht Keller weiter, bis er schließlicl zusammenbricht. Als er nach einer Woche Krankschreibung wieder ar fängt zu arbeiten, ist es noch nicht ausgestanden. Er kollabiert und wir mit dem Rettungswagen ins Krankenhaus abtransportiert. Nach einer mehrmonatigen Aufenthalt in psychosomatischen Kliniken hat Kelle gelernt, wie er sich kräfteschonend im Arbeitsleben verhalten kann.

Was hat das mit konstruktiver Teamarbeit zu tun? Wenn Sie mit sic selbst nicht im reinen sind, können Sie beruflich nicht engagiert handelr Nur wenn Sie geerdet sind und mit Ihren Kräften haushalten, sind Sie i der Lage, produktiv zu arbeiten und sind dadurch eine Bereicherung fü das Team.

Loslassen und Pausen einlegen, scheinen immer weniger Menschen z können. „Total erschöpft" ist ein Slogan, der sich zum typischen Wesen: zeichen unserer digitalen Gesellschaft herausschält. Wir vernetzen un informieren uns immer mehr. Jeder ist präsent, online, auf dem Sprung bis zum Zusammenbruch.

Immer mehr Menschen ziehen sich ausgebrannt in Kliniken zurück. Di überall anzutreffende Beschleunigung und Verdichtung von Informatic nen, mit denen wir konfrontiert werden, mündet in eine immense Übei forderung und es ist kaum möglich, Ordnung in diesen Dauerlärm au Wörtern und Bildern zu bringen.

Was können Sie dagegen tun? Ich empfehle, abschalten zu lernen, Zeitir seln zu schaffen, in denen nichts passiert. Das Burnout-Syndrom ist i aller Munde und wird inzwischen als ernsthafte Gefahr anerkannt. Inte ressanterweise berichtet schon das Alte Testament vom Propheten Elia und seiner Elias-Müdigkeit, einem klassischen Syndrom im heutige Sinne.

Und auch Goethe verließ schon seinen, in jungen Jahren erworbene! Ministersessel in Weimar und floh nach Italien, weil er das Gefühl hatt dichterisch auszutrocknen. Sein Arbeitgeber, Herzog Karl-August vo Weimar nahm ihm das nicht einmal übel. Im Gegenteil ermunterte er ih sogar, sich ausgiebig zu erholen, um sich dichterisch zu reaktiviere! Danach konnte er wieder erholt zurückkommen.

Indianisches Sprichwort:

"Menschen, die bloß arbeiten, finden keine Zeit zum Träumen. Nur wer träumt gelangt zur Weisheit."

Machen Sie am besten eine Art Bestandsaufnahme, um festzustellen, ob Sie gefährdet sind oder gar schon an Burnout leiden.

Dafür sprechen folgende Punkte:

1. Sie kümmern sich mehr um andere als um sich selbst.
2. Sie wollen alles fehlerfrei machen ohne Rücksicht auf sich selbst.
3. Sie missachten Körpersignale, die darauf hinweisen, dass Sie schon stark überlastet sind.
4. Sie nehmen die Arbeit gedanklich nach Hause mit und haben trotzdem ständig das Gefühl, noch nicht genug getan zu haben.
5. Gefühle der Unzulänglichkeit, des Versagens, Angst vor Konflikten breiten sich aus.

Prüfen Sie, wie es bei Ihnen aussieht und wenn viele der Punkte zutreffen, dann verlangen Sie möglicherweise zu viel von sich selbst. Vielleicht glauben Sie, alles selbst erledigen zu müssen, denken wegen Ihres hohen Pflichtbewusstseins zu wenig an sich selbst und gönnen sich deshalb zu wenig Ruhezeiten. Nur wenn Sie ausreichend Auszeiten einplanen, können Sie Ihre Energie wieder aufladen. Stellen Sie sich das wie einen Motor vor, der ständig auf Hochtouren läuft und dann folgerichtig Schaden nimmt und in die Werkstatt muss.

Möglicherweise müssen Sie Ihre Einstellung verändern. Wenn Sie denken, auf die Anerkennung anderer angewiesen zu sein und deshalb Ihre eigenen Wünsche und Ihre Meinung hintan stellen, dann erhöhen Sie damit Ihren inneren Druck.

Es ist also von Vorteil, sowohl die eigenen Verhaltensweisen als auch die Einstellung zu verändern. Sagen Sie auch mal Nein. Getrauen Sie sich, Ihre Ansichten und Wünsche zu äußern. Erlauben Sie sich, nur eine mittelmäßige Leistung abzugeben und selbst Prioritäten zu setzen. Sie müssen nicht immer Spitzenleistungen zeigen. „Gut genug" reicht in vielen Fällen und man genügt insgesamt trotzdem dem hohen Qualitätsanspruch. Es kommt eben darauf an, in welchen Punkten.

Es ist wichtig, Entspannungsphasen in den Tagesablauf einzubauen. Lernen Sie, am Feierabend richtig abzuschalten. Nehmen Sie das Wort „Feierabend" wörtlich. Man kann auch mit den Kollegen des Teams Entspannungs- und Ruhephasen vereinbaren, nicht alles muss ständig unter Hochdruck vorangehen.

8.1 Optimismus als Überlebensvorteil

Möglicherweise haben Sie vor kurzem den Arbeitsplatz gewechselt oder Sie haben direkt nach dem Studium – oder der Ausbildung in einer neuen Firma und damit einem neuen Team angefangen. Sie haben sich gute Vorsätze vorgenommen, ähnlich derer, die man zu Beginn eines neuen Jahres fasst. Voller Optimismus sind Sie daran gegangen – doch nach ein paar Wochen ist der Lack ab: Sie beklagen sich, machen sich Sorgen und sind nicht so recht zufrieden mit sich und mit Ihrem neuen Arbeitsplatz.

Nun möchte ich Ihnen eine schöne neue Erkenntnis vermitteln, die Sie ganz schnell umsetzen können und die wenig Mühe kostet. Sie müssen sich nur darauf einlassen.

Menschen sind naturgemäß auf Optimismus gepolt. Man könnte sagen, die Grundstellung unseres Gehirns steht auf Optimismus. Tali Sharot, eine englische Hirnforscherin vom University College in London, ist eine der führenden Optimismusforscher. Die haben herausgefunden, dass Menschen von Natur aus zu einer optimistischen Denkweise tendieren, weil sich diese Einstellung als Überlebensvorteil erwiesen hat. Der „optimism bias", also der nachweisbare Hang zum Optimismus kommt auf eine Rate von ungefähr 80 Prozent. Die restlichen 20 Prozent teilen sich Realisten und Pessimisten. Letztere neigen auch zu Depressionen.

Nachweisen lässt sich der Hang zum optimistischen Denken durch einfache Statistiken. So glauben 93 Prozent aller Verkehrsteilnehmer, dass sie überdurchschnittlich gute Fahrer sind. Das kann logischerweise nicht stimmen, weil nur ein viel kleinerer Teil statistisch besser sein kann als der Durchschnitt. Laut Umfragen rechnen die meisten Menschen damit, die wirtschaftliche Situation würde sich in den kommenden Jahren immer schwieriger gestalten, aber gleichzeitig nehmen sie an, sie und ihre Familie werden davon nicht betroffen sein. Wir heiraten, obwohl wir die Scheidungsraten kennen. „Denn bei uns läuft das anders." Dieser Effekt ist weltweit nachgewiesen – in jedem Alter und in jeder Schicht. Die Folge

schung zeigt, wir neigen dazu, uns unsere Zukunft leuchtend und positiv vorzustellen.

Ohne den angeborenen Optimismus würden wir keine Risiken eingehen. Viele Entscheidungen würden wir gar nicht erst treffen. Beim Autofahren wären wir ängstlicher und würden unsicherer und damit schlechter fahren. Keiner würde heiraten und eine Familie gründen. Jeder würde sein Geld unter der Matratze verstecken, weil den Banken nicht zu trauen ist. Vor lauter Gedanken an den Tod würde sich keiner mehr um die Zukunft kümmern. Dabei macht es nur Sinn, sich über die Zukunft Gedanken zu machen, wenn die Ideen von Optimismus getragen sind.

Biologen schätzen den Hang zum positiven Denken als Selbstverteidigungsmechanismus ein. Sie glauben an die archaische Funktion, damit Feinde abzuwehren. So täuschten wir uns durch den Optimismus wohl schon vor Urzeiten: weil das Gehirn sich selbst täuscht, haben wir gelernt, andere zu täuschen. Mit dem Glauben, stark und unbesiegbar zu sein, wirken wir auch so und schlagen mit dieser Wirkung die Feinde in die Flucht. Optimismus ist sogar genetisch bedingt.

In unserem Zusammenhang möchte ich Ihnen klarmachen, dass Optimismus wesentlich energiesparender ist als eine negative Weltsicht. Das Gehirn neigt grundsätzlich dazu, Energie nicht zu verschwenden, sondern sorgsam damit umzugehen. Pessimismus ist viel zu anstrengend: das Gehirn muss zum Beispiel denken, „...wenn ich jetzt mein Geld in Aktien anlege, dann gibt es vielleicht einen Börsencrash und alles ist weg. Wenn ich allerdings in Immobilien investiere, dann ...“

Das Gute für Sie, Ihr Gehirn ist begeisterungsfähig. Ist eine Entscheidung erst einmal getroffen, dann hält das Gehirn daran fest und begründet im Nachhinein eine getroffene Entscheidung als folgerichtig und klar nach dem Motto: „Da hätte ich gleich darauf kommen können“. Alle Zweifel sind wie weggeblasen und man erinnert sich kaum mehr daran. Egal was für Entscheidungskriterien wir einsetzen, hinterher meint unser Gehirn: „Ja, logo, das ist doch klar – irgendwie wird das schon hinhauen“. So gesehen, können Sie Ihr Gehirn einfach machen lassen. Grübeln sie weniger, denn irgendwie geht schon alles klar.

Falls Sie sich in Ihrem Team gerade gar nicht wohl fühlen, können Sie daran glauben, dass es besser werden wird und so wird es vermutlich auch sein. Außerdem berücksichtigen Sie alle Hinweise dieses Buchs und haben somit klare Handlungsanleitungen, die Ihnen den Weg weiser Den Rest macht Ihr Gehirn ganz allein.

8.2 Improvisieren als Lösung

Eine weitere neue Erkenntnis ist das Durchwurstelprinzip. Oftmals sind heutige Probleme, vor allem technischer Art, so komplex, unberechenba und unvorhersehbar, dass sie kaum mehr kalkulierbar sind. Auch politi sche oder wirtschaftliche Fragestellungen lassen sich kaum mehr übe Expertenprognosen lösen. Ebenso sind persönliche Lebensfragen betrof fen: Wahl des Partners, Berufswahl, Krisen wie Arbeitslosigkeit, Erkran kungen. In unserer Zeit sind Ziele oft nicht unmittelbar zu erreichen sondern über Umwege oder Kompromisse. Es muss improvisiert werde möglicherweise findet man über einen alternativen Weg ein andere zufriedenstellenderes Ziel.

Den einzig richtigen Masterplan kann man sich heutzutage abschminken Es ist eine Illusion zu glauben, es gebe für hochkomplexe Fragen die ein rationale, sichere Lösung. Wahrscheinlich ist das Durchwurstelprinzi die richtige Vorgehensweise. Schon 1984 hat der amerikanische Psycho loge Philip Tetlock in einer bekannten Studie nachgewiesen, dass Exper ten über künftige Entwicklungen nicht mehr und exakter prognostiziere können als irgendjemand, den man auf der Straße anspricht. In der Stu die befragte Tetlock Experten über die Frage, wie es mit der Auseinar dersetzung zwischen den USA und der UDSSR weitergehen wird. Keine von ihnen konnte eine zutreffende Prognose stellen.

Möglicherweise haben Sie selbst schon eine Biografie, die durch Brüch geprägt ist. Heute sind Lebensläufe, die geprägt sind durch vielfach Anpassungen an gegebene Situationen, schon der Normalfall. Pragmat sche Zwischenlösungen weisen manchmal sogar die Richtung an, in de schließlich ein zufriedenes Leben entsteht.

Die „richtige" Entscheidung zu treffen ist anstrengend in jeder Bezie hung. Natürlich will man den Weg gehen, der für einen passt. Jede möchte das „richtige" Produkt kaufen und das bei einem fast unendl chen Angebot. Der Entscheidungsprozess kann enervierend sein und i ohne Garantie.

8.2.1 Satisficer oder Maximizer

In der heutigen Zeit wird das Thema „Glück" sehr häufig angedacht. Ich selbst beschäftige mich seit vielen Jahren damit und habe schon sehr viele Seminare dazu gehalten. Deshalb kann ich sagen: Perfektionswut steht dem Glück im Weg. Die ständige Suche nach dem Topangebot, das ewige Vergleichen und die Angst davor, die beste Offerte zu verpassen, bringen uns dem Glück keinen Schritt näher. Von den meisten Menschen wird das Zufriedenheitsgefühl, die Kontrolle zu haben und wählen zu können, weit überschätzt. Die vielen Wahlmöglichkeiten, die unsere liberale Wohlstandsgesellschaft bietet, können schnell zur Belastung führen.

Hier möchte ich Sie mit der Strategie Satisficing vertraut machen. Sie besagt, dass man sich wohl gut informieren soll, aber dann auch den Schlusspunkt setzen und sich entscheiden soll. Im Gegensatz dazu steht die zeitraubende Strategie, überall das optimale Kosten-Nutzen-Verhältnis gewinnen zu wollen. Da wird noch eine Studie gewälzt, Literatur herangezogen, weitere Informationen werden eingeholt bis dann nach längerer Zeit die Entscheidung fällt. Menschen, die immer nach dem Besten streben und sehr viel Energie darauf verwenden, nennt man sogenannte Maximizer. Beim Fernsehen zappen sie durch die Kanäle, weil ein anderer Sender etwas Spannenderes bieten könnte. Beziehungen testen sie, wie andere Pullover durchprobieren. Irgendwo muss es eine/einen geben, die/der besser passt. Nach einem solch stressigen Entscheidungsprozess sind die sogenannten Maximizer eher unzufrieden und haben immer das Gefühl, sie hätten sich doch nicht genügend informiert.

Das Gegenteil der Maximizer sind die Satisficer. Der Satisficer begnügt sich mit „gut genug". Dieses Prinzip haben Sie ja schon in einem anderen Zusammenhang kennen gelernt. Wir sollten lieber Satisficer sein und uns mit dem Erlangten zufrieden geben, was nicht bedeutet anspruchslos zu sein. Satisficer sind sich zwar bewusst, dass es theoretisch immer noch besser geht, aber sobald ihre Ansprüche erfüllt sind, treffen sie ihre Wahl und stellen die Suche ein. Das macht glücklich. Um ein Satisficer zu werden, müssen Sie sich allerdings jedes Mal, bevor Sie vor einer Entscheidung stehen, über Ihre Ziele und Ansprüche klar werden und festlegen, was für Sie in diesem Fall „gut genug" bedeutet. Das setzt voraus, dass Sie sich kennen und wissen, was Ihnen wirklich am Herzen liegt. Maximizern fehlt dieses Wissen.

Die Lösung heißt loslassen. Ein radikal vereinfachtes Leben ist der einzige Weg, um im Labyrinth der unzähligen Möglichkeiten nicht die Orientierung zu verlieren.

Wer Maximizer-Tendenzen bei sich beobachtet, sollte sich dafür entscheiden, nur perfektionistisch zu sein, wenn es wirklich nötig ist.

8.2.2 Wählen Sie, wann Sie wählen

Leider verschwenden wir oft zu viel Mühe darauf, Dinge auszuwählen, die so viel Aufmerksamkeit schon allein deshalb nicht verdienen, weil sie unsere Zufriedenheit langfristig kaum positiv beeinflussen. Da unser Zeit- und Energiekonto begrenzt ist, müssen wir anderswo kürzer treten. Leider meist dort, wo es im Leben wichtig ist. Um herauszufinden, was von Bedeutung ist und was nicht, empfiehlt es sich, vergangene Entscheidungen Revue passieren zu lassen. Konzentrieren Sie sich immer auf das Gute an Ihren Entscheidungen.

Satisficer haben mit ihrer „Gut-genug-Strategie", die eine Spielart des Durchwurstelns darstellt, ihr Problem hinreichend gelöst und Kapazitäten für neue Aufgaben gewonnen.

Ein hervorragendes Beispiel für das Durchwurstelprinzip ist unsere Evolution. Sie ist das erfolgreichste Problemlösungsprogramm überhaupt. Was wir daraus lernen können, ist die Strategie von Versuch und Irrtum. Hören Sie also nie auf, nehmen Sie Scheitern in Kauf und lernen aus Ihren Fehlern. Das wird Ihr Wirken im Team enorm vereinfachen und damit verbessern.

Indianisches Sprichwort:

„Fehler sind keine Heuschober, sonst gäbe es viel mehr fette Pferdchen."

Dadurch erreichen Sie letztendlich eine verbesserte Lösung, vielleicht nicht die beste. Betrachten Sie es als Evolutionsgedanken, ganz allmählich kristallisiert sich der richtige Weg für Sie persönlich heraus. Manchmal gibt es in der Geschichte Sprünge und man gelangt schnell auf ein höheres Level. Mutationen sind aber auch in der Biologie die Ausnahme und nicht die Regel.

In diesem Zusammenhang möchte ich Sie mit den Palchinskyregeln vertraut machen, die Loren Graham in seinem Ghost of The Executed Engineer beschrieben hat.

Um Scheitern und Verluste überschaubar zu machen, halten Sie sich an die Palchinskyregeln, nach dem russischen Ingenieur Peter Palchinsky:

- Probiere neue Dinge und rechne damit, dass einige fehlschlagen werden.
- Sorge dafür, dass Fehlschläge überlebbar sind. Das heißt, man sollte „in geschützten Räumen" experimentieren oder in kleinen Schritten vorwärtsgehen.
- Stelle sicher, dass du erkennen kannst, wann du versagt hast, sonst kannst du nichts lernen.

Es gibt viele prominente Wissenschaftler, die das Durchwurstelprinzip begründen. Einen möchte ich nennen, den ich während meines Studiums in Tübingen bei einem Vortrag kennen lernen durfte: den Philosophen Karl Popper.

Karl Popper sagte,

„dass Methoden, die sich bewusst als Stückwerk und „Herumbasteln" verstehen, in Verbindung mit kritischer Analyse das beste Mittel zur Erlangung praktischer Resultate in Sozial- wie in Naturwissenschaften sind."

Die Steuerungsmethode des piecemeal engineering tauge erst recht in der Politik, etwa bei Reformen oder der Veränderung von Institutionen:

„Der Stückwerk-Ingenieur weiß wie Sokrates, wie wenig er weiß. Er weiß, dass wir nur aus unseren Fehlern lernen können. Daher wird er Schritt für Schritt vorgehen und die erwarteten Resultate stets sorgfältig mit den tatsächlich erreichten vergleichen, immer auf der Hut vor den bei jeder Reform unweigerlich auftretenden unerwünschten Nebenwirkungen."

8.3 Mach auch mal Pause

Jeder braucht regelmäßige Erholungspausen – zur körperlichen, geistigen und Regeneration der Motivation. Wenn man dem Organismus keine Pause anbietet, dann nimmt er sich die Pause selbst, zum Beispiel durch verringerte Konzentration. Langes Arbeiten ohne Pausen ist deshalb ineffektiv. Wenn Sie häufiger eine kurze Pause – fünf bis zehn Minuten – einlegen, leisten Sie mehr und behalten zudem die Freude an der Arbeit. Arbeitszeit und Pausen sollten in der Relation 10 zu 1 stehen, das heißt, auf eine Stunde Arbeit kommt eine sechsminütige Pause.

Verändern Sie außerdem von Zeit zu Zeit Ihr Arbeitsumfeld. Stehen Sie auf, verlassen Sie Ihren Arbeitsplatz und tun Sie etwas anderes. Auch das kann dazu beitragen, dass Sie abschalten können.

Belohnen Sie sich mit Freizeit, wenn Sie eine wichtige Aufgabe erfüllt haben. Umschalten von Schreibtischarbeit auf körperliche Bewegung steigert die Leistungsbereitschaft und entspannt. Ärzte und Kranken gymnasten empfehlen Lockerungsübungen. Gut ist schon ein Abwech seln zwischen Stehen und Sitzen. Jede Pause, die zur Gesundheit beiträg ist empfehlenswert.

8.4   Lebensplanung und Arbeitsweise

Stress gehört zum Leben. Aber zu viel Stress kann gefährlich sein. Ergrei fen Sie deshalb jede Gelegenheit, um eine Maßnahme zur Stressbewälti gung durchzuführen. Stress hat zwar mannigfaltige Ursachen – sowohl positive als auch negative – ihre gemeinsame Ursache liegt jedoch darin dass sie immer eine Anpassungsveränderung fordern.

Stress fordert Anpassungsveränderung

Ob Stress schädigt, hängt weitgehend davon ab, wie Sie persönlich au Stress reagieren. Eine Möglichkeit für Sie, sich gegen Stress zu helfen liegt also in Ihrer Einstellung dem gegenüber, was Sie belastet.

Vieles, was man erlebt, ist in gewissen Sinne belastend. Meist handelt e sich um Herausforderungen, an die wir uns anpassen können. Nur wenn wir mit zu großem Druck auf einmal fertig werden müssen oder wenn der Druck zu lange anhält, wird Stress zu einem ernsten Problem. In Folgenden erfahren Sie Maßnahmen, die gegen Stress wirken. Ich unter scheide in Techniken der kurzfristigen und der langfristigen Stressbewä tigung.

8.5   Techniken zur kurzfristigen Stressbewältigung

Wann ist die Technik der kurzfristigen Stressbewältigung sinnvoll? S ist anzuwenden, wenn eine augenblickliche (momentane) Erleichterun unseres Befindens erreicht werden soll. Es ist wichtig, die Techniken z kennen, jedoch lassen sich damit die eigentlichen Ursachen für die Bela tungen nicht beheben. Die Techniken sind einfach zu erlernen.

Spontane Entspannung erhalten Sie durch Entkrampfung und Lockerung der Muskulatur, durch tiefes Durchatmen oder durch kurzes Anspannen und anschließendes Lockern der Muskelpartien. Auch können Möglichkeiten des autogenen Trainings eingesetzt werden.

Innere Ablenkung

Bewusster Versuch, belastende Gedanken durch angenehme Gedanken zu ersetzten und an etwas „Schönes" denken.

Äußere Ablenkung

Hier ist nicht das gedankliche Abschalten gemeint, sondern die Beschäftigung mit anderen Aktivitäten wie Musik hören, Blumen gießen. Man wendet sich einfach einer anderen Arbeitsaufgabe zu.

Selbstgespräch

Üben Sie sich in Selbstinstruktionen wie Aufforderungen und Befehlen an sich selbst. Das kann sein: „Auf geht's" oder „Reiß dich zusammen", „Entspann dich". Damit können Sie die aktuelle Situationen abschwächen und relativieren durch Selbstinstruktionen wie: „Es gibt Schlimmeres" oder „Das schaff ich auch noch".

Abreaktionen

Damit sind Reaktionen gemeint, die negative Energien abführen. Die Ursache dieser Negativenergien ist Stress. Das kann so etwas wie „ein kurzer Sprint" sein. Oder laufen sie eine Treppe schnell hoch/hinunter.

Verringerung der Stressdosis

Reduzieren Sie aktiv Ihre Stressdosis durch „das Ausschalten des Fernsehers/Computers" oder durch „Ignorieren des klingelnden Telefons". Sicher fallen ihnen hier noch andere Möglichkeiten ein.

8.6 Techniken zur langfristigen Stressbewältigung!

Wann sollten Techniken zur langfristigen Veränderung eingesetzt werden? Während die kurzfristigen Methoden zwar für eine momentane Erleichterung sinnvoll sind, müssen für die Bewältigung permanenter Stressoren komplexere Methoden angewandt werden. Diese Techniken dienen dazu, die Ursachen der Stresssituation zu beseitigen und häufig auftretende oder voraussehbare Belastungen zu verhindern oder in ihrer Wirkung abzuschwächen.

Manche Dinge können wir leider nicht ändern. Der deutsch-amerikanische Theologe Reinhold Niebuhr hat dazu etwas Schönes geschrieben:

„Gott, gib mir die Gelassenheit, Dinge hinzunehmen, die ich nicht ändern kann, den Mut, Dinge zu ändern, die ich ändern kann, und die Weisheit, das eine von anderen zu unterscheiden."

Einer Analyse des Wissenschaftlichen Instituts der Allgemeinen Ortskrankenkassen zufolge hat sich die Zahl der Krankschreibungen wegen Erschöpfungssymptomen wie Burnout zwischen 2004 bis zum Jahr 2011 verneunfacht. Hier wurden die Daten von zehn Millionen Versicherten der AOK ausgewertet. Ungefähr 30 Prozent der Berufstätigen sind betroffen. Wenn man diese Daten mit einer neueren Studie der Weltgesundheitsorganisation WHO für Europa vergleicht, wird deutlich, dass mehr als 26 Prozent der gesamten Krankmeldungen in Zusammenhang mit psychischen Störungen stehen.

Diese Zahlen sind Grund genug, auf sich zu achten und jede Strategie zu Hilfe zu nehmen, mit der es Ihnen gelingt, die eigene Balance auszuloten oder wieder zu finden.

8.7 Gute Balance im Lebensrad

Selbstmanagement ist das Managen der eigenen Person. Es ist die Fähigkeit sich selbst und das eigene Leben erfolgreich gestalten zu können. Viele Methoden helfen Ihnen, Ihre Leistung zu verbessern. Leistung ist jedoch nur ein – wenngleich wichtiger – Teil des Lebens. Alle vier Bereiche bilden nach Dr. Peseschkian ein Quadrat, das außer Balance gerät wenn Bereiche stark über- oder unterbewertet werden. Er nennt die Bereiche: Körper, Leistung, Kontakte und Sinn.

Ich habe sein Modell um weitere Bereiche erweitert, weil mir diese Punkte sehr wichtig sind. Körper, Kontakte und Sinn habe ich anders definiert. Meine zusätzlichen Bereiche halte ich für entscheidend, um Leistung überhaupt erzielen zu können, deshalb fehlt der Bereich „Leistung" bei mir. Ich habe mein Modell Lebensrad genannt.

Abbildung 8-1: Das Lebensrad (© Sibylle Horger-Thies)

In innerer Balance sind Sie, wenn Sie für Ausgeglichenheit sorgen und keinen Bereich aus Ihrem Leben ausschließen. Läuft Ihr Lebensrad rund, dann fällt es Ihnen leicht, Leistung zu erbringen.

- **Sinn:** Stellen Sie sich die Frage nach dem Sinn und der Aufgabe Ihres Lebens. Leben Sie Ihre Phantasie aus und lassen Sie Ihre Kreativität fließen.
- **Achtsamkeit:** Leben Sie bewusst und in jedem Augenblick. Schalten Sie Ihren Autopiloten aus und leben Sie Ihr Leben selbst.
- **Gesundheit:** Ernähren Sie sich gesund mit vielen Gemüse- und Obstanteilen. Trinken Sie im richtigen Maß Wasser. Halten Sie den Alkoholkonsum risikoarm. Hören Sie auf zu rauchen. Achten Sie auf ausreichende Regenerations- und Entspannungszeiten.
- **Zukunft:** Erlauben Sie sich Fragen nach ihrer Zukunft. Leben Sie nicht nur in der Gegenwart als gebe es kein Morgen, sondern nachhaltig und ökologisch.
- **Natur:** Bleiben Sie in Einklang mit der Natur um sich herum. Pflanzen und Tiere sind die Grundlage unseres Lebens, deshalb schützen und

schonen Sie Flora und Fauna. Außerdem werden Sie merken, sobald Sie einen Waldspaziergang oder ähnliches unternehmen, geht Ihnen das Herz auf und die Erholung setzt sofort ein. Schon Gartenpflege trägt dazu bei. Ein Haustier bringt viel Freude und Entspannung in Leben.

- **Kultur:** Genießen Sie Kunst und Musik. Bleiben Sie aufgeschlossen dem gegenüber, was Menschen geschaffen haben und gehen Sie in eine Kunstausstellung, ins Theater oder ins Konzert. Lesen Sie Bücher und nicht nur Fachliteratur. Spielen Sie ein Instrument oder singen Sie. All das hilft Ihnen, zu sich zu kommen, Abstand zu erhalten und wieder einen frischen ausgeruhten Blick auf Ihr Leben zu gewinnen.
- **Beziehungen:** Pflegen Sie gute Beziehungen. Das sind zum einen nahe Beziehungen zum Ehe- oder Lebenspartner, zu den Kindern, Eltern, Freunden und angenehme Kontakte zu Kollegen, Nachbarn und anderen Mitmenschen. Diese können auch zu engen Beziehungen wachsen.
- **Körper:** Tun Sie etwas für Ihren Körper. Sorgen Sie für genügend Bewegungseinheiten, indem Sie Sport jeglicher Art treiben. Pflegen Sie Zärtlichkeit und ein ausgewogenes Sexualleben.

Nun bleibt mir, Ihnen zu wünschen, dass Ihr Lebensrad ausgeglichen genau dorthin läuft, wohin Sie möchten. Das wird Ihre Arbeit im Team beflügeln und Sie voran bringen. Ich verabschiede mich mit dem letzten Indianischen Sprichwort und wünsche Ihnen das allerbeste:

„Es ist gut für den Menschen, seinen Kopf in den Wolken zu haben und seine Gedanken zwischen den Adlern wohnen zu lassen; aber er muss auch daran denken, dass je höher der Baum in den Himmel hineinwächst, desto tiefer seine Wurzeln in das Herz von Mutter Erde hineindringen müssen."

Literatur

Asch, Salomon. (1946). „Forming impressions of personality". Journal of Abnormal and Social Psychology, 41(2)

Beckhan, Barbara. (2011) „Leicht und locker kommunizieren . So finden sie eine gemeinsame Wellenlänge". Kösel Verlag

Bungard, Walter und **Rosenstiel,** Lutz. (2001) zit. nach Antoni, Conny. Praxishandbuch „Gruppenarbeit"

Csihscentmihaly, Mihaly. (2004). „Flow im Beruf", Das Geheimnis des Glücks am Arbeitsplatz". Klett Cotta Verlag

Drucker, Peter. (2002). „Was ist Management: Das Beste aus 50 Jahren". Econ-Verlag

Glasl, Friedrich. (2004). „Konfliktmanagement, Ein Handbuch für Führungskräfte, Beraterinnen und Berater", Freies Geistesleben Verlag

Graham, Loren. (1993).„The Ghost of the Executed Engineer". Harvard – University Press

Grande, Marcus. (2011). „100 Minuten für Anforderungsmanagement – Kompaktes Wissen nicht nur für Projektleiter und Entwickler". Vieweg+Teubner Verlag

Hesse, Herrmann. (1943). „Das Glasperlenspiel". Suhrkamp Verlag

Horger-Thies, Sibylle. (2011). 100 Minuten für den kompetenten Auftritt – Persönlichkeitstraining nicht nur für Ingenieure, Techniker und Informatiker". Vieweg+Teubner Verlag

Karpman, Stephen. (2011). „Articles on Transactional Analysis, Including: Eric Berne, Karpman Drama Triangle, I'm Ok, You're Ok, Claude Steiner, Fredrik Barth, Games people Play". Hephaestus Books

Kogler, Alois. (2006). „Die Kunst der Höchstleistung, Sportpsychologie, Coaching, Selbstmanagement". Springer Verlag

Kunert, Kristian und **Knill,** Marcus. (1999). „Team und Kommunikation" Sauerländer Verlag

Martens, Jens-Uwe und **Kuhl**, Julius. (2011). „Die Kunst der Selbstmoti vierung - Neue Erkenntnisse der Motivationsforschung praktisch nut zen". Kohlhammer Verlag

Mehrabian, Albert. (1967). The Journal of Counselling Psychology 31, S 248-252

Mörtenhummer, Monika und Mörtenhummer, Harald.(2009) „Zitate ir Management. " Linde Verlag

Setzwein, Monika. (2007). „Turnaround-Management von IT-Projekter Krisen meistern, neue Stärken gewinnen". dpunkt Verlag

Sharot, Tali. (2012). „Der Hang zum Optimismus". Profile on TED com

Stock-Homburg, Ruth. (2008). „Personalmanagement". Gabler-Verlag

Rischar, Dr. Klaus. (2011). „Schwierige Mitarbeitergespräche", Wind mühle Verlag

Tetlock, Philip (2006). „Expert Political Judgement: How Good Is It How Can We Know?". Kindle Verlag

Weill, Claude. (2006). Watson Wyatt Worldwide – Beratungsunter nehmen „Gute Kommunikation steigert die Rendite" Medienpartne SPRG S. 88 persönlich

Index

Printed in the United States
By Bookmasters